公務員試験

出るとこ過去問

11 経営学

国家一般職・地方上級レベル対応

新装第2版

セレクト SELECT

70 過去問

JN005592

TAC出版

TAC PUBLISHING Group

● はじめに ●

目指す場所に必ずたどり着きたい方のために――
『出るとこ過去問』は、超実践的 〝要点整理集＋過去問集〟 です。

「公務員試験に合格したい」
この本を手にされた方は、きっと心からそう願っていると思います。

　公務員試験に合格することは、けっして容易なものではありません。勉強すべき科目は多く、参考書は分厚い。合格に必要な勉強時間はおおよそ1500 ～ 2000時間といわれており、準備に半年～ 1年かける方が大半でしょう。覚悟を決め、必死で取り組まなければなりません。

　たとえ予備校に通っていても、カリキュラムをひたすらこなすだけでせいいっぱいという方もいるでしょう。独学の場合はなおさら、スケジュールどおりに勉強を進めていくには、相当な自制心が必要です。試験の日程が近づいているにもかかわらず、「まだ手をつけていない科目がこんなにある」と落ち込んでしまう方もいるかもしれません。

　そんな時こそ、本書の出番です。この『出るとこ過去問』は、公務員試験合格のための超実践的 〝要点整理集＋過去問集〟 です。絶対に合格を勝ち取りたい方が最後に頼る存在になるべく作られました。

　おさえるべき要点はきちんと整理して理解する。解けるべき過去問はきちんと解けるようにしておく。それが公務員試験で合格するためには必須です。**本書は、合格のために 〝絶対理解しておかなければならない要点〟 の簡潔なまとめと、これまで公務員試験の中で 〝何度も出題されてきた過去問〟 だけを掲載しています。**だからこそ、超実践的なのです。

　たくさんの時間を使い、たくさん勉強してきたけれど、まだ完全に消化しきれていない科目がある。そんな方にとって、本書は道を照らす最後の明かりです。**本書のPOINT整理やPointCheckを頼りに重要事項を整理して理解し、過去問が解けるところまでいけば、合格はもうすぐです。**

　いろいろと参考書を手にしてみたものの、どれもしっくりとせず、試験の日程ばかりが迫ってきている。そんな方にとって、本書は頼もしい最後の武器です。**本書をぎりぎりまで何度も繰り返し勉強することで、合格レベルまで底上げが可能となります。**

　道がどんなに険しくても、そこに行き先を照らす明かりがあれば、効果的な武器があれば、目指す場所に必ずたどり着くことができます。

　みなさんが輝かしい未来を勝ち取るために、本書がお役に立てれば幸いです。

2020年3月　ＴＡＣ出版編集部

● 本書のコンセプトと活用法 ●

本書のコンセプト

1. 過去問の洗い直しをし、得点力になる問題だけを厳選

　その年度だけ出題された難問・奇問は省く一方、近年の傾向に合わせた過去問の類題・改題はしっかり掲載しています。本書で得点力になる問題を把握しましょう。

```
<出題形式について>
　旧国家Ⅱ種・裁判所事務官の出題内容も、国家一般・裁判所職員に含め表記しています。また、地方上級
レベルの問題は地方上級と表示しています。
```

2. 基本問題の Level 1 、発展問題の Level 2 のレベルアップ構成

　 Level 1 の基本問題は、これまでの公務員試験でたびたび出題されてきた問題です。何回か繰り返して解くことをおすすめします。科目学習の優先順位が低い人でも、最低限ここまではきちんとマスターしておくことが重要です。さらに得点力をアップしたい方は Level 2 の発展問題へ進みましょう。

3. POINT整理と見開き2ページ完結の問題演習

　各章の冒頭の**POINT整理**では、その章の全体像がつかめるように内容をまとめています。全体の把握、知識の確認・整理に活用しましょう。この内容は、 Level 1 、 Level 2 の両方に対応しています。また、**Q&A**形式の問題演習では、問題、解答解説および、その問題に対応する**PointCheck**を見開きで掲載しています。重要ポイントの理解を深めましょう。

● 基本的な学習の進め方

①理解する　②整理する　③暗記する　④演習する

本書の扱う範囲

　どんな勉強にもいえる、学習に必要な4つのポイントは次のとおりです。本書は、この①〜④のポイントに沿って学習を進めていきます。

①理解する

　問題を解くためには、必要な知識を得て、理解することが大切です。

②整理する

　ただ知っているだけでは、必要なときに取り出して使うことができません。理解したあとは、整理して自分のものにする必要があります。

③暗記する　④演習する

　問題に行き詰まったときは、その原因がどこにあるのか、上記①〜④をふりかえって考え、対処しましょう。

本書の活用法

1. POINT整理で全体像をつかむ

　　POINT整理を読み、わからないところがあれば、各問題の**PointCheck**および解説を参照して疑問点をつぶしておきましょう。関連する**Q&A**のリンクも掲載しています。

2. Level 1 ・ Level 2 のQ&Aに取り組む

　　ここからは自分にあった学習スタイルを選びましょう。苦手な論点は、繰り返し問題を解いて何度も確認をすることで自然と力がついてきます。

　　Level 2 の **Level up Point!** は得点力をつけるアドバイスです。当該テーマの出題傾向や、問題文の目のつけどころ、今後の学習の指針などを簡潔にまとめています。

●本書を繰り返し解き、力をつけたら、本試験形式の問題集にも取り組んでみましょう。公務員試験では、問題の時間配分も重要なポイントです。

　➡ 本試験形式問題集

　『**本試験過去問題集**』（国家一般職・国税専門官・裁判所職員ほか）

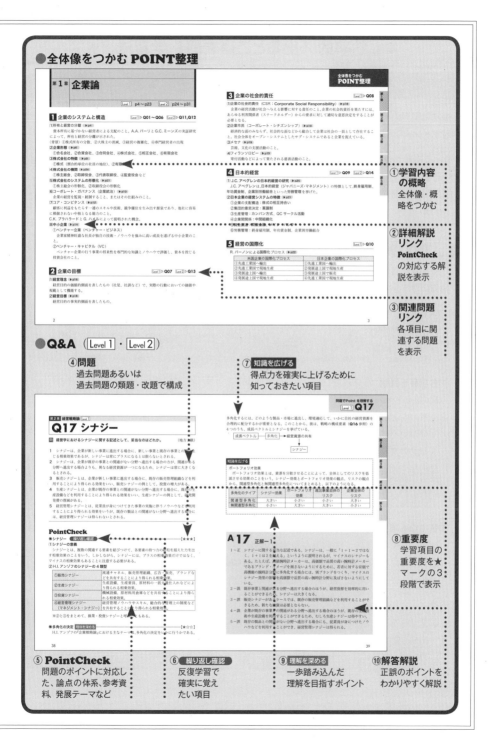

●全体像をつかむ POINT整理

第1章 企業論

Level 1 ▷ p4～p23 Level 2 ▷ p24～p31

1 企業のシステムと構造 Level 1 ▷ Q01～Q06 Level 2 ▷ Q11,Q12

(1)所有と経営の分離 【▶p4】
資本所有に基づかない経営者による支配のこと。A.A.バーリとG.C.ミーンズの実証研究によって、所有と経営の分離が示された。
（背景）①株式所有の分散、②大株主の出現、③経営の複雑化、④専門経営者の出現
(2)企業形態 【▶p5】
①合名会社、②合資会社、③合同会社、④株式会社、⑤相互会社、⑥有限会社
(3)株式会社の特徴 【▶p6】
①株式（間接有限責任の社員の地位）、②有限責任
(4)株式会社の機関 【▶p7】
①株主総会、②取締役会、③代表取締役、④監査役会 など
(5)株式会社のシステムの形骸化 【▶p10】
①株主総会の形骸化、②取締役会の形骸化
※6)コーポレート・ガバナンス（企業統治）【▶p10】
企業の経営を監視・統制すること、またはその仕組みのこと。
(7)コア・コンピタンス 【▶p12】
顧客に利益をもたらす一連のスキルや技術、競争優位を生み出す源泉であり、他社に容易に模倣されない中核となる能力のこと。
C.K.プラハラードとG.ハメルによって提唱された概念。
(8)中小企業 【▶p13】
①ベンチャー企業（ベンチャー・ビジネス）
企業家精神が旺盛な社員が持つ技術・ノウハウを強みに高い成長を遂げる中小企業のこと。
②ベンチャー・キャピタル（VC）
ベンチャー企業の行う事業の将来性を専門的な知識とノウハウで評価し、資本を投じる投資会社のこと。

2 企業の目標 Level 1 ▷ Q07 Level 2 ▷ Q13

(1)経営理念 【▶p14】
経営目的の価値的側面を表したもの（社是、社訓など）で、実際の行動においての価値の規範として機能する。
(2)経営目標 【▶p14】
経営目的の事実的側面を表したもの。

3 企業の社会的責任 Level 1 ▷ Q08

(1)企業の社会的責任（CSR：Corporate Social Responsibility）【▶p16】
企業の経営活動が社会へ与える影響に対する責任のこと。企業の社会的責任を果たすためには、あらゆる利害関係者（ステークホルダー）からの要求に対して適切な意思決定をすることが必要となる。
(2)企業市民（コーポレート・シチズンシップ）【▶p18】
経済的な面のみならず、社会的な面をも統合して企業は社会の一員として存在すること、社会全体をオープン・システムとしたサブ・システムであると企業を捉えている。
(3)メセナ 【▶p18】
芸術、文化の支援活動のこと。
(4)フィランソロピー 【▶p19】
寄付活動などによって果たされる慈善活動のこと。

4 日本的経営 Level 1 ▷ Q09 Level 2 ▷ Q14

(1)J.C.アベグレンの日本的経営の研究 【▶p20】
J.C.アベグレンは、日本的経営（ジャパニーズ・マネジメント）の特徴として、終身雇用制、年功賃金制、企業別労働組合といった労働慣習を挙げた。
(2)日本企業の経営システムの特徴 【▶p20】
①企業の支配構造：株式の相互持合い
②集団的意思決定：稟議制
③生産管理：カンバン方式、QCサークル活動
④雇用制度・賃金制度・労使関係 【▶p22】
終身雇用制、年功賃金制、企業別労働組合

5 経営の国際化 Level 1 ▷ Q10

R.バーノンによる国際化プロセス 【▶p18】

米国企業の国際化プロセス	日本企業の国際化プロセス
①先進工業国へ輸出	①先進工業国へ輸出
②先進工業国で現地生産	②発展途上国へ輸出
③発展途上国へ輸出	③発展途上国で現地生産
④発展途上国で現地生産	④先進工業国で現地生産

2 / 3

① 学習内容の概略
全体像・概略をつかむ

② 詳細解説リンク
PointCheck
の対応する解説を表示

③ 関連問題リンク
各項目に関連する問題を表示

●Q&A [Level 1] · [Level 2]

④ 問題
過去問題あるいは過去問題の類題・改題で構成

⑦ 知識を広げる
得点力を確実に上げるために知っておきたい項目

第2章 経営戦略論 [Level 1]

Q17 シナジー

問 経営学におけるシナジーに関する記述として、妥当なのはどれか。 (地方初級)

1 シナジーは、企業が新しい事業に進出する場合に、新しい事業と既存の事業とが生じる相乗効果であるが、シナジーは常にプラスになるとは限らないとされる。
2 シナジーは、企業が現在の事業との関連がない分野へ進出する場合の方が、関連のある分野へ進出する場合よりも、異なる経営資源部が一つになるため、シナジーは大きくなるとされる。
3 販売シナジーとは、企業が新しい事業に進出する場合に、既存の販売管理組織などを利用することにより得られる効果であり、販売ルートや流通チャネルなどの出現により効果が大きくなるとされる。
4 生産シナジーとは、企業が現在の事業との関連がない分野へ進出する場合に、既存の生産設備などを利用することにより得られる効果であり、設備の稼働率を高めるなど間接費の削減がある。
5 経営管理シナジーとは、従業員が身につけてきた事業の実施に伴うノウハウなどを利用することにより得られる効果をいうが、現在の製品との関連がない分野へ進出する場合には、経営管理シナジーは得られないとされる。

PointCheck

●シナジー 繰り返し確認 ・・・・・・・・・・・・・・・[★★★]
(1)シナジーの意義
企業が複数の事業の関連する要素を結びつけて、各企業の持つ力の単純な和を超えた大きな力を出す相乗効果のことをいう。しかしながら、シナジーには、プラスの相乗効果だけではなく、マイナスの相乗効果もあることに注意する必要がある。
(2)H.I.アンゾフのシナジーの4類型

①販売シナジー	流通チャネル、販売管理組織、広告、販売、ブランドなどを共有することにより得られる相乗効果
②生産シナジー	生産設備、生産要員、原材料の一括仕入れなどにより得られる相乗効果
③投資シナジー	機械設備、原材料の在庫を共有することにより得られる相乗効果
④経営管理シナジー（マネジメント・シナジー）	経営管理ノウハウやスキル、総合的経営力の制度などを共有することにより得られる相乗効果

※②と③をまとめて、操業・投資シナジーと呼ぶこともある。

●多角化の決定 理解を深める ・・・・・・・・・・・・・・・[★☆☆]
H.I.アンゾフの「企業戦略論」における主なテーマが、多角化の決定を行うことである。

問題でPointを理解する [Level 1] Q17

多角化するには、どのような製品・市場に進出し、環境適応して、いかに自社の経営資源部を合理的に配分するかが重要となる。このことから、保は、戦略の構成要素（Q16参照）の4つのうち、成長ベクトルとシナジーを挙げている。

成長ベクトル → 多角化 → 経営資源の共有 → シナジー

知識を広げる

ポートフォリオ効果
ポートフォリオ効果は、資産を分散させることによって、全体としてのリスクを低減させる効果のことをいい、シナジー効果とポートフォリオ効果の観点、リスクの観点から、関連型多角化と無関連型多角化についてまとめると、以下のようになる。

多角化のタイプ	シナジー効果	効果	ポートフォリオ効果	企業業績
関連型多角化	大きい	小さい	小さい	大きい
無関連型多角化	小さい	大きい	大きい	小さい

A17 正解—1

1—正 シナジーに関する当な記述である。シナジーは、一般に「1+1=2ではない」というように説明されるが、マイナスのシナジーもあることから述べている。
2—誤 異なる経営資源やメーカーは、既存経営資源の統合どころかそもそも異なるブランド・イメージを挟むようにできるため、若者に対する安価で高価格帯の機能分化に多角化する場合には、明ブランドなどで、マイナスのシナジー効果が発揮できる場合に高品の一関明分野拡大することができるようにしてシナジー効果は大きくなる。
3—誤 販売シナジーがあるケースでは、既存の販売管理組織などを利用することができるため、新たな資産を排除できる。
4—誤 企業が現在の事業に関連がない分野へ進出する場合には、既存の生産設備を利用することができるとは限らず、むしろ生産シナジーは得られない。
5—誤 既存の製品との関連がない分野へ進出する場合には、従業員が身につけてきたノウハウなどを利用することがなく、経営管理シナジーは得られない。

⑧ 重要度
学習項目の重要度を★マークの3段階で表示

⑤ PointCheck
問題のポイントに対応した、論点の体系、参考資料、発展テーマなど

⑥ 繰り返し確認
反復学習で確実に覚えたい項目

⑨ 理解を深める
一歩踏み込んだ理解を目指すポイント

⑩ 解答解説
正誤のポイントをわかりやすく解説

38 / 39

● 効率的『出るとこ過去問』学習法 ●

1周目

　最初は科目の骨組みをつかんで、計画どおりスムーズに学習を進めることが大切です。1周目は学習ポイントの①概要・体系の理解と、②整理の仕方を把握することが目標になります。

> 最初は、誰でも、「わからなくて当然」「難しくて当たり前」です。初めての内容を無理やり覚えようとしても混乱するだけで終わってしまうことがあります。頭に残るのは全体像やイメージといった形で大丈夫です。また、自力で問題を解いたり、暗記に時間をかけたりするのは効率的ではありません。問題・解説を使って整理・理解していきましょう。

1. POINT整理をチェック

　やみくもに問題を解いても、学習範囲の概要がわからなければ知識として定着させることはできません。知識の中身を学習する前に、その章の流れ・体系をつかんでおきます。

> **POINT整理**は見開き構成で、章の全体像がつかめるようになっています。一目で学習範囲がわかるので、演習の問題・解説がスムーズに進むだけでなく、しっかりした知識の定着が可能になります。ここは重要な準備作業なので詳しく説明します。

(1)各項目を概観（5分程度）
　次の3点をテンポよく行ってください。
　①章の内容がどんな構成になっているか確認
　②何が中心的なテーマか、どのあたりが難しそうかを把握
　③まとめの文章を読んで、理解できる部分を探す

> 最初はわからなくても大丈夫です。大切なのは問題・解説を学習するときに、その項目・位置づけがわかることです。ここでは知識の中身よりも、組立て・骨組み・章の全体像をイメージします。

(2)気になる項目を確認（30分程度）
　問題・解説の内容を、先取りして予習する感覚で確認します。
　①リファレンスを頼りに各問題や、問題の**PointCheck**を確認
　②まったく知らない用語・理論などは「眺めるだけ」
　③知っている、聞いたことがある用語・理論などは自分の理解との違いをチェック

> 全体像を確認したら、次にやることは「道しるべ」を作っておくことです。内容を軽く確認する作業ですが、知らないことや細かい内容はとばして、自分が知っている用語や理解できる内容を確認し、学習を進める時の印をつけておきます。

2. Level 1 の問題にトライ （問題・解説で1問あたり15分以内が目標）

　まずは読む訓練と割り切りましょう。正解をみてもかまいません。むしろ○×を確認してから、どこが間違っているのか、理解が難しいのかを判断する程度で十分です。問題を読んで理解できない場合は、すぐに解説を読んで正誤のポイントを理解するようにしてください。

> はじめは、問題を自力で解くことや、答えの正解不正解は全く考慮しません。また、ここで深く考える必要もありません。大切だとされる知識を「初めて学ぶ」感覚で十分です。問題で学ぶメリットを最大限に生かしましょう。

3. Level 1 の PointCheck を確認 （15分程度）

　学習内容の理解の仕方や程度を **PointCheck** で把握します。問題を解くための、理解のコツ、整理の仕方、解法テクニックなどを確認する作業です。暗記が必要な部分は、**PointCheck** の文中に印をしておき、次の学習ですぐ目につくようにします。

4. Level 2 の問題の正誤ポイントを確認

　 Level 1 の問題と同様に読む訓練だと考えて、正誤のポイントを確認するようにしましょう。ただ、長い文章や、**POINT整理** にない知識、未履修の範囲などが混在している場合があるので、学習効果を考えると1回目は軽く流す程度でいいでしょう。また、 Level 1 の **PointCheck** と同様、覚えておくべき部分には印をしておきます。

> Level 2 は2周目で重点的に確認するようにします。1周目はとばしてもかまいません。ただ、これからやる学習範囲でも、眺めておくだけで後の理解の役に立ちます。「なんとなくわかった」レベルの理解で先に進んでも大丈夫です。

2周目以降

　ここからは、問題を解きながら覚える作業です。大切なのは、「理解できたか・できないか」「整理されているか・されていないか」「暗記したか・していないか」を、自分なりにチェックしていくこと。できたところと、難しいところを分けていきましょう。

> 2周目でも、100パーセントの体系的理解は必要ありません。どうすれば正解に至ることができるかを自分なりに把握できればいいのです。最終的には自分の頭で処理できることが目標なのです。

　2周目以降は、もうやらなくていい問題を見つける作業だと考えてください。「ここだけ覚えればいい」「もう忘れない」と感じた問題は切り捨てて、「反復が必要」「他の問題もあたっておく」と感じる問題にチェックをしていきます。

> ここからが一般的な問題集の学習です。3周目は1日で全体の確認・復習ができるようになります。ここまで本書で学習を進めれば、あとは問題を解いていくことで、より得点力を上げていくこともできます。一覧性を高め、内容を絞り込んだ本書の利点を生かして、短期間のスピード完成を目指してください。

出るとこ過去問　経営学セレクト70

CONTENTS

CONTENTS

公務員試験

国家一般職
地方上級レベル対応

出るとこ過去問

⑪

経営学

セレクト70

第1章 企業論

Level 1　p4 ～ p23　　Level 2　p24 ～ p31

1 企業のシステムと構造

Level 1 ▷ **Q01～Q06**　Level 2 ▷ **Q11,Q12**

⑴所有と経営の分離　▶p4

　資本所有に基づかない経営者による支配のこと。A.A. バーリと G.C. ミーンズの実証研究によって、所有と経営の分離が示された。

〈背景〉①株式所有の分散、②大株主の消滅、③経営の複雑化、④専門経営者の出現

⑵企業形態　▶p6

　①合名会社、②合資会社、③合同会社、④株式会社、⑤相互会社、⑥有限会社

⑶株式会社の特徴　▶p9

　①株式（割合的単位の社員の地位）、②有限責任

⑷株式会社の機関　▶p24

　①株主総会、②取締役会、③代表取締役、④監査役会など

⑸株式会社のシステムの形骸化　▶p21

　①株主総会の形骸化、②取締役会の形骸化

⑹コーポレート・ガバナンス（企業統治）　▶p10

　企業の経営を監視・統制すること、またはその仕組みのこと。

⑺コア・コンピタンス　▶p12

　顧客に利益をもたらす一連のスキルや技術、競争優位を生み出す源泉であり、他社に容易に模倣されない中核となる能力のこと。
C.K. プラハラードと G. ハメルによって提唱された概念。

⑻中小企業　▶p14

　①ベンチャー企業（ベンチャー・ビジネス）

　　企業家精神旺盛な社長が独自の技術・ノウハウを強みに高い成長を遂げる中小企業のこと。

　②ベンチャー・キャピタル（VC）

　　ベンチャー企業の行う事業の将来性を専門的な知識とノウハウで評価し、資本を投じる投資会社のこと。

2 企業の目標

Level 1 ▷ **Q07**　Level 2 ▷ **Q13**

⑴経営理念　▶p16

　経営目的の価値的側面を表したもの（社是、社訓など）で、実際の行動においての価値や規範として機能する。

⑵経営目標　▶p16

　経営目的の事実的側面を表したもの。

3 企業の社会的責任　　　　　　　　　　Level 1 ▷ **Q08**

(1)企業の社会的責任（CSR：Corporate Social Responsibility） ▶p18

　企業の経営活動が社会へ与える影響に対する責任のこと。企業の社会的責任を果たすには、あらゆる利害関係者（ステークホルダー）からの要求に対して適切な意思決定をすることが必要となる。

(2)企業市民（コーポレート・シチズンシップ） ▶p19

　経済的な面のみならず、社会的な面などから総合して企業は社会の一員として存在すること。社会全体をオープン・システムとしたサブ・システムであると企業を捉えている。

(3)メセナ ▶p19

　芸術、文化の支援活動のこと。

(4)フィランソロピー ▶p19

　寄付活動などによって果たされる慈善活動のこと。

4 日本的経営　　　　　　Level 1 ▷ **Q09**　Level 2 ▷ **Q14**

(1) J.C. アベグレンの日本的経営の研究 ▶p20

　J.C. アベグレンは、日本的経営（ジャパニーズ・マネジメント）の特徴として、終身雇用制、年功賃金制、企業別労働組合といった労務管理を挙げた。

(2)日本企業の経営システムの特徴 ▶p21

　①企業の支配構造：株式の相互持合い
　②集団的意思決定：稟議制
　③生産管理：カンバン方式、QC サークル活動
　④企業間関係：中間組織化
　⑤資金調達：間接金融、メイン・バンク
　⑥労務管理：終身雇用制、年功賃金制、企業別労働組合

5 経営の国際化　　　　　　　　　　　Level 1 ▷ **Q10**

R. バーノンによる国際化プロセス ▶p22

米国企業の国際化プロセス	日本企業の国際化プロセス
①先進工業国へ輸出	①先進工業国へ輸出
②先進工業国で現地生産	②発展途上国で現地生産
③発展途上国へ輸出	③発展途上国で販売
④発展途上国で現地生産	④先進工業国で現地生産

Q01 所有と経営の分離

問 現代企業の経営に関する次の文の空欄 A ～ D にあてはまる語句の組合せとして、妥当なのはどれか。 (地方上級)

（ A ）は、1930 年代に、アメリカの金融業を除く株式会社のうち大企業 200 社について支配の実態の調査・分析を行い、その結果を集約し、「近代株式会社と私有財産」を著した。

（ A ）は、株式会社の大規模化に伴って、株式が高度に（ B ）するとともに、（ C ）が登場し、実質的に経営を掌握するようになるとして、これを（ D ）とよんだ。

	A	B	C	D
1	ドラッカー	集中化	大株主	所有者支配
2	ドラッカー	分散化	専門経営者	経営者支配
3	バーリとミーンズ	集中化	大株主	所有者支配
4	バーリとミーンズ	分散化	専門経営者	経営者支配
5	バーリとミーンズ	分散化	専門経営者	所有者支配

PointCheck

◉所有と経営の分離‥‥‥‥‥‥‥‥‥‥‥‥‥‥‥‥‥‥‥‥‥‥‥‥‥‥‥‥‥‥‥‥‥【★★★】

(1)所有と経営の分離の意義

所有と経営の分離とは、資本所有に基づかない経営者による支配のことをいう。すなわち、企業の所有者でない者が経営を行うことである。

大規模な株式会社が出現する以前の、企業の規模が小さかった頃には、企業の所有者は出資者（株主）であるため、所有者である株主が経営者として企業の意思決定を行っていた。しかし、株式会社が出現し企業の規模が大きくなると、社会に散在するより多くの資本を集める必要性から株式の分散化が進み、大株主が消滅していった。また、企業の規模が大きくなると、経営が複雑となり、専門経営者が出現するようになる。これらを背景に、株主の権力が後退し、企業の所有者ではない専門経営者が企業経営における意思決定を行うようになり、所有と経営の分離が進展した。

個人企業、小規模企業	所有者（大株主）＝ 経営者
大企業	所有者≠経営者 ⇒ 所有と経営の分離

▼所有と経営の分離の背景
①株式所有の分散、②大株主の消滅、③経営の複雑化、④専門経営者の出現

第1章
第2章
第3章
第4章
第5章

(2)所有と経営の分離に関する実証研究

A.A. バーリと G.C. ミーンズは、『近代株式会社と私有財産』において、所有と経営の分離を実証研究により示した。

バーリとミーンズは、1930 年代におけるアメリカの非金融会社上位 200 社の株式所有比率と会社支配との関係について実態調査を行い、44%の会社が経営者支配となっていることを主張した。

(3)専門経営者

専門経営者とは、経営を行う専門家のことをいう。当初、株式会社は「所有者（大株主）＝経営者」であったが、企業が大規模化するに伴い、株式が分散して大株主が不在となったり、企業経営が複雑化したりしたことから、専門経営者を選任し、その専門経営者に企業の意思決定を行わせることとなった。

(4)経営者支配

経営者支配とは、株式が高度に分散すると、最大株主でさえもその議決権の過半数を集めることができなくなり、一般株主から選任された専門経営者が株式所有に基づくことなく、事実上の支配を行うことができることをいう。

知識を広げる

経営者支配の形態

A.A. バーリと G.C. ミーンズは、筆頭株主の発行済株式所有率を基準に、以下の 5 つの経営者支配の形態を示した。

形態	筆頭株主の株式所有率	特徴	実証分析結果
完全所有支配	80%以上	「所有者＝経営者」	12 社（6%）
過半数所有支配	50%以上 80%未満	多数派支配	10 社（5%）
少数派支配	20%以上 50%未満	少数所有支配	46.5 社（23%）
法的手段による支配	持株会社による支配	無議決権株の利用	41 社（21%）
経営者支配	20%未満を所有	所有に基づかない支配	88.5 社（44%）

A01 正解―4

A－「バーリとミーンズ」『近代株式会社と私有財産』を著したのは、A.A. バーリと G.C. ミーンズである（ドラッカーについては、**Q13** 参照）。

B－「分散化」 株式会社の大規模化に伴い、株式が高度に分散化されると大株主が不在となるため、所有者支配ではなく、経営者支配の様相となる。

C－「専門経営者」 株式会社の大規模化に伴い、企業経営が複雑になると専門経営者が台頭することになる。

D－「経営者支配」 A.A. バーリと G.C. ミーンズは、専門経営者が実質的に経営を掌握することを経営者支配と呼んだ。

Q02 企業形態

問　我が国の企業形態に関する記述として、妥当なのはどれか。　　　　（地方上級）

1　合名会社は、出資者全員が無限責任社員で成り立っており、出資である持分の譲渡に関しては、他の社員の同意を必要としない典型的な人的結合会社である。

2　合資会社は、出資額を限度として会社の損失に対して責任を持つ有限責任社員と無限の責任を持つ無限責任社員から構成されており、有限責任社員と無限責任社員は共に業務執行権を有するが、代表権は有限責任社員のみが有する。

3　合同会社は、2006年施行の会社法により新設された会社形態であり、社員全員が出資義務を負う有限責任社員であるが、定款に定めがなくても利益分配の方法を出資額に関係なく自由に決定することができる。

4　株式会社は、不特定多数の出資者を募ることができ、出資者に出資額以上のリスク負担及び責任を求めない有限責任制を全出資者に適応し、所有と経営が分離されている。

5　相互会社は、保険会社以外にも広く非営利法人に認められた会社形態であり、保険事業を営む企業の場合は保険加入者が社員となり、社員総会に代わって社員の代表者による社員総代会を設置することが認められている。

PointCheck

●企業形態‥‥‥‥‥‥‥‥‥‥‥‥‥‥‥‥‥‥‥‥‥‥‥‥‥‥‥‥‥‥‥‥‥‥‥‥‥【★★★】
(1)責任の種類

①直接無限責任	会社が倒産した際などに、会社債権者に対して社員の個人財産を補填してでも支払わなければならない。
②間接有限責任	会社が倒産した際などに、会社債権者に対して出資額までしか責任を負わない。したがって、会社が倒産した際には、自分が出資した金銭は戻らないが、それ以外に個人財産をもって支払う責任はないことになる。

※合資会社の直接有限責任社員は、履行した出資の限度で間接有限責任となる。

(2)会社法における会社の種類

　会社法では、会社の種類として、以下のように、合名会社、合資会社、合同会社、株式会社の4つが認められている。会社の規模としては、合名会社、合資会社、合同会社、株式会社とだんだん大きなものとなっていくことと想定しており、責任の種類と資本の規模が連関するものとなっている。

会社の種類	社員の構成	特徴
①合名会社	直接無限責任社員のみ	規模としては個人事業主に近い小規模な会社を想定しており、会社というよりはその社員を見込んで債権者は貸出しを行うため、合名会社の社員は直接無限責任という重い責任を負っている。
②合資会社	直接無限責任社員と直接有限責任社員	規模としては合名会社より少し大きい会社を想定しており、責任を軽減した有限責任社員を構成員にすることで、出資者を募りやすくなっている。
③合同会社	間接有限責任社員のみ	会社法により新しく規定された会社で、会社の定款に基づいて自主的に運営をすることが認められた会社のことをいう。規模としては、合資会社や合名会社より大きな会社を想定しており、構成員が間接有限責任社員のみなので、より出資を募りやすい。
④株式会社	間接有限責任社員のみ	社会に散在する多数の資本を集め、大規模な経営を行うことを予定している。

知識を広げる

有限会社と相互会社

　有限会社とは、旧有限会社法によって規定された会社であり、平成18年5月の会社法の施行に伴い有限会社法が廃止され、新たな有限会社は設立できなくなった。しかし、「特例有限会社」として実質的には従前と同様に活動することが可能であり、また、株式会社や合同会社に組織変更することも可能である。

　相互会社とは、会社法ではなく、保険業法によって規定された会社のことをいう。保険会社にみられ、保険加入者が会社の社員を構成する。

A02　正解ー4

1－誤　合名会社は、無限責任社員のみで構成されている会社である点がポイントである。出資者である社員全員が連帯して会社の負債に無限責任を負うと同時に、会社経営に関与し、会社の代表権限を持つ。このような人的結合会社である合名会社では、原則として持ち分譲渡は他の社員全員の同意が必要である。

2－誤　会社法では、有限・無限責任にかかわらず、原則としてすべての社員が業務執行権・会社代表権を有するとされる。

3－誤　合同会社は持分会社として定款による自治が広く認められ、定款に定めがあれば、出資割合に関係なく利益配分を決定することができる。

4－正　債権者に対して直接責任を負わず、出資の範囲内だけで有限の責任のみを負う。

5－誤　保険加入者が相互会社の社員となるもので、保険会社のみに認められた形態である。

Q03 株式会社

問 株式会社に関する次の記述のうち、妥当なものはどれか。 （国家一般）

1　株式会社は、1800年代初めのイギリスやオランダの東インド会社を始まりとするが、20世紀半ばに規則に適合すれば特に免許がなくてもだれでも設立できるという許可主義が認められた結果、株式会社制度が普及した。

2　株式会社を設立する際には資本金の額に見合う株式が発行されるが、発起人が発行株式の全部を引き受けて資本金の全額を拠出する設立方式を内部設立といい、発起人が発行株式の一部だけを引き受けて残りを外部から募集する方式を外部設立という。

3　株式会社が必要な資本を広く調達するためには、発行した株式を公開しなければならないが、上場する場合には、資本調達の機動性を高めるために上場基準などの制限は設けられない。

4　株式会社では、譲渡自由である株式の発行総額を限度とする有限責任株主が、所有する株式価額に比例した大きさの経営支配権を持ち、株主の意思決定と事業の経営は、株主総会、取締役会、代表取締役、監査役などの会社の機関を通じて行われる。

5　株式所有が広く大衆投資家に分散することによって、大株主ではない経営の専門家が経営者となっている現象を、所有と経営の分離と呼ぶが、この現象をアメリカについて指摘したのは、『近代株式会社と私有財産』を著したA.A.バーリとG.C.ミーンズである。

PointCheck

◉株式会社……………………………………………………………………**【★★★】**

⑴株式会社の設立

株式会社の設立には、以下の2つがある。

①発起設立	株式会社の設立に際して発行する株式のすべてを発起人が引き受けて会社を設立する。
②募集設立	株式会社の設立に際して発行する株式の一部を発起人が引き受け、残りの株式について発起人以外の株主を募集して会社を設立する。

⑵定款の作成と認証

定款とは、会社の目的や組織構造・経営に関する根本的な規則のことをいう。定款には、以下の5つの絶対的記載事項を記載しなければならない。

①目的

②商号

③本店の所在地

④設立に際して出資される財産の価額またはその最低額

⑤発起人の氏名または名称および住所

問題でPoint を理解する
Level 1 Q03

第1章
第2章
第3章
第4章
第5章

(3)株式公開

株式公開（IPO：Intial Public Offering）とは、株式市場に自社の株を公開し、投資家に自社の株式を自由に売買することができるようにすることをいう。株式公開をするためには、株式市場に上場する必要がある。上場とは、証券取引所に株式を売買の対象として出すことをいう。

(4)株式会社の特徴

①株式

株式とは、株式会社における社員としての地位のことをいう。株式会社では、株式は均等に細分化された割合的単位の形をとる。株式の所有者は、株主といわれる。

②有限責任

有限責任とは、株主が会社債権者に対して出資額を超えて責任を負わないことをいう。

◉株主のメリット 理解を深める ‥‥‥‥‥‥‥‥‥‥‥‥‥‥【★★☆】

株主は、以下の３つのメリットを有している。

①議決権	株主は、株主総会に出席し、議題に関する賛否を意思表示する議決権を有している。
②インカム・ゲイン（株主配当）	株主は、当該企業の経営成績がよい場合に、配当金を得ることができる。
③キャピタル・ゲイン（株式売却益）	株主は、株式を取得した価額よりも株価が上回るときに、当該株式を売却することによって利益を得ることができる。

A03 正解ー5

1ー誤　規則に適合すれば設立できるというのは、許可主義ではなく、準則主義である。この準則主義が認められた結果、株式会社制度が普及した。

2ー誤　発起人が発行株式の全部を引き受けて資本金の全額を拠出する設立方式は、内部設立ではなく、発起設立という。また、発起人が発行株式の一部だけを引き受けて残りを外部から募集する方式は、外部設立ではなく、募集設立という。

3ー誤　上場する場合には、上場株式数などの一定の上場基準を満たす必要がある。

4ー誤　有限責任株主は、株式の発行総額を限度とするのではなく、当該株主の出資額を限度とする有限責任を負う。経営権限と株主の地位は分離している。

5ー正　所有と経営の分離をアメリカ企業について指摘したのは、『近代株式会社と私有財産』を著したA.A.バーリとG.C.ミーンズである（**Q01** 参照）。

Q04 コーポレート・ガバナンス

問 コーポレート・ガバナンスに関する次の記述として、妥当なのはどれか。（国税専門官）

1　情報通信技術の発達等によって資本が瞬時に世界中を移動するようになったことにより、企業は広範かつ容易に資本を調達できるようになった。このため、従来に比べ、株式市場の動向に影響を受けることなく、長期的視野に立って経営を行う企業が増加する傾向にある。

2　年金基金や保険会社などのいわゆる機関投資家は、キャピタル・ゲインの獲得を目的として株式を保有している。このため、会社の経営方針に反対の場合は保有株式を売却するのみであり、株式保有比率が高い場合であっても、会社の経営に口を出したり、経営者に直接的に経営改善に関する要求を行うような圧力をかけることはない。

3　我が国の特徴的な株式所有形態として発展した企業間における株式の相互持合いは、企業が株式を所有し合い、互いの株主として事業経営に関して深度ある議論を積極的に展開したため、株主総会の活性化には貢献した。しかしながら、少数株主の意見が反映されず、経営者が資本市場を軽視するようになるといった問題点がある。

4　ドイツでは、銀行が預金・貸出業務とともに有価証券の引受・売却・寄託業務を行うメイン・バンク制度がある。顧客は銀行を通じて株式を購入し、そのまま議決権までを含めて銀行に寄託する場合が多いが、実際に銀行が議決権を行使することは少なく、我が国に比べて企業に対する銀行の影響力は弱いといわれている。

5　アメリカ合衆国では、株主を軽視する経営を行った場合に、株価の低下によって企業の乗っ取りや買収の脅威にさらされる傾向が強い。特に敵対的な企業による乗っ取りは、経営者の地位そのものを危うくするため、このような脅威に対しては、自社の株価を高め、又は高い水準で維持することが重視される。

PointCheck

●コーポレート・ガバナンス……………………………………………【★★★】
(1)コーポレート・ガバナンスの意義
　コーポレート・ガバナンス（企業統治）とは、企業の経営を監視・統制すること、またはその仕組みのことをいう。
(2)コーポレート・ガバナンスの背景
　コーポレート・ガバナンスは、1980年代のアメリカにおける「企業は誰のものか」に関する議論を契機として注目されてきた。

⑶コーポレート・ガバナンスの視点

①所有構造における日米企業の比較

日本企業	アメリカ企業
法人企業の所有比率が大きい 広範な株式相互持合い 安定株主構造の確立 →株式市場からの圧力が小さい	機関投資家の所有比率が大きい →株式市場からの圧力が大きい

②トップ・マネジメント構造における日米企業の比較

日本企業	アメリカ企業
少数の外部取締役 社長を頂点とした序列のまま取締役会を構成 →執行者と監督者が未分離	多数の外部取締役 →執行者と監督者の人的分化が明確

　所有構造とトップ・マネジメント構造における上記のような特徴により、一般に、日本企業は経営者の利益が重視され、アメリカ企業では株主の利益が重視される経営が行われやすいといわれる。

●**機関投資家** 理解を深める ……………………………………………………【★☆☆】
　機関投資家とは、個人ではなく、株式や債券等で資金を運用する法人のことをいい、具体的には、生命保険会社、損害保険会社、信託銀行、年金基金等が挙げられる。機関投資家が短期的な株式売却益を求めて活発に株式売買を行うため、一般に、アメリカ企業の経営者には短期的な株主利益を強く意識した経営が求められるといわれている。

A04　正解－5

1－誤　企業は広範かつ容易に資本を調達できるようになったため、従来に比べ、株式市場の動向に大きく影響を受け、短期的視野に立って経営を行う企業が増加する傾向にある。

2－誤　機関投資家は、株式保有比率が高い場合には、議決権を行使し、会社の経営に口を出したり、圧力をかけたりする。

3－誤　我が国の企業間における株式の相互持合いは、企業が株式を所有し合い株式をなかなか売却しないため、安定株主として存在することになり、株主総会は不活性化した。

4－誤　ドイツでは、銀行が預金・貸出業務とともに有価証券の引受け・売却・寄託業務を行うユニバーサル・バンク制度というものがある。この制度により、ドイツの銀行では、預金や貸付け等の銀行業務と、有価証券の購入・売却等の証券業務の両方を行うことができる。また、我が国に比べて企業に対する銀行の影響力が強く、その関係はハウス・バンク制度とよばれる。

5－正　アメリカでは短期的に自社の株価を高めることが重視され、短期的な視点から企業経営を行っていると指摘されることがある。

Q05 コア・コンピタンス

問 次のA〜Eのうち、企業のコア・コンピタンスに該当するものの組合せとして、妥当なのはどれか。 (地方上級)

A 競合他社と比較してわずかでも優れた能力であれば該当する。
B 顧客に特定の利益をもたらすことのできるものである。
C 個別のスキルや技術が対象となる。
D 事業や製品ごとに存在し、適用範囲は狭い。
E 長期間にわたり当該企業内部に蓄積されたものである。

1 A、C
2 A、D
3 B、D
4 B、E
5 C、E

PointCheck

◉コア・コンピタンス………………………………………………………………【★★☆】

(1)コア・コンピタンスの意義

　コア・コンピタンスとは、顧客に利益をもたらす一連のスキルや技術、競争優位を生み出す源泉であり、他社に容易に模倣されない中核となる能力のことをいう。これは、C.K. プラハラードと G. ハメルが、共著『コア・コンピタンス経営』において提唱した概念である。

(2)コア・コンピタンスの条件

　コア・コンピタンスに該当するためには、以下の3つの条件が満たされる必要がある。

①顧客価値の向上	顧客が認める価値を作り出し、顧客に認知される価値を高めるものである必要がある。
②独自の競争能力	競合他社より数段優れており、他社に容易に模倣されない独自の競争能力が必要である。
③新製品・サービスへの展開力	新しい製品やサービスにも活用することができる展開力を有していることが必要である。

知識を広げる

J.B. バーニーのコア・コンピタンス理論

　コア・コンピタンスに関し、J.B. バーニーは、企業の経営資源が持続的に競争優位の源泉となるためには、以下の4つの条件が必要であると述べている。

①価　値	コア・コンピタンスであるためには、当該経営資源が価値のあるものであることが必要である。
②希少性	コア・コンピタンスであるためには、当該経営資源が稀であることが必要である。
③模倣困難性	コア・コンピタンスであるためには、当該経営資源が他社に容易に模倣されないことが必要である。
④組織形態	コア・コンピタンスであるためには、当該経営資源を活用することができる組織形態であることが必要である。

A05　正解ー4

A－誤　競合他社と比較してわずかに優れた能力は、コア・コンピタンスに該当しない。コア・コンピタンスに該当するためには独自の競争能力である必要があり、競合他社に模倣されないよう競合他社と比較して数段優れた能力である必要がある。

B－正　コア・コンピタンスは顧客に利益をもたらす一連のスキルや技術であり、顧客が認める価値を生み出し、顧客に認知される価値を高めるものである。よって、顧客に特定の利益をもたらすことのできるものは、コア・コンピタンスに該当する。

C－誤　コア・コンピタンスに該当するためには、新製品・サービスへの展開力を備えていることが必要があり、新しい製品やサービスにも活用することができなければならない。よって、個別のスキルや技術にとどまっているものは、コア・コンピタンスには該当しない。

D－誤　コア・コンピタンスに該当するためには、新製品・サービスへの展開力を備えていることが必要である。よって、事業や製品ごとに存在し、適用範囲の狭いものは、コア・コンピタンスには該当しない。

E－正　コア・コンピタンスは企業内部に蓄積された競争優位の源泉となるものである。独自の競争能力として競合他社に模倣されないよう競合他社と比較して数段優れた能力であるためには、短期間ではなく、長期間にわたり蓄積される必要がある。

Q06 ベンチャー企業

問 ベンチャー企業に関する次の記述のうち妥当なものはどれか。 （国家一般）

1　アメリカのベンチャー企業の成長を制約している要因の1つとして人材不足が挙げられているが、その理由の1つに日本と比べて学生が就職に際して生活の安全を重視するために大企業志向となり、無名の小規模なベンチャー企業が見向きされないことが指摘されている。

2　わが国のベンチャー企業の創業形態を昭和30年代から近年までの期間についてみると、企業勤務の経験の乏しい者が、仲間で事業を興す独自創業の占める割合は次第に増加しているのに対して、既存企業に数年勤務してから独立して創業するスピンオフ型の割合は低下している。

3　株式公開基準が緩やかであると、起業家がリスクを負って進出しても成功報酬をなかなか実現できないために創業の意欲を喪失したり、投資家がキャピタル・ゲインを早期に獲得できないために投資に慎重になるなどして、ベンチャー企業の成長の障害となる。

4　アメリカの NASD（わが国の従来の店頭市場に相当）登録企業はサービス業・流通業の企業が中心で、店頭の株式時価総額は小さく、アメリカではベンチャー企業が産業構造転換に果たしている役割は小さい。

5　ベンチャー・キャピタルとはベンチャー企業が行おうとするリスクの高い事業の将来性を専門的な知識とノウハウで評価し、資本を投じる投資会社のことであり、その資金源は年金基金、財団、企業、金融機関などである。また、エンジェルと呼ばれる個人投資家も、ベンチャー企業に対して資金援助している。

PointCheck

●ベンチャー企業・・・【★★☆】
(1)ベンチャー企業の意義
　ベンチャー企業（ベンチャー・ビジネス）とは、企業家精神旺盛な社長が独自の技術・ノウハウを強みに高い成長を遂げる中小企業のことをいう。
(2)ベンチャー企業の創業形態
　ベンチャー企業の創業形態には、以下のものがある。

①スピン・オフ型	創業前に他の企業に雇用された経験がある場合の創業形態。
②独自型	創業前に他の企業に雇用された経験がないか、あるいは雇用された経験が短期間である場合の創業形態。

　日本においては、スピン・オフ型の割合が大きく、独自型の割合は小さい。これは、人脈が少なく、資金調達力が乏しく、社会的信用が低い、学生や勤務経験の乏しい若者が起業し成功することが、一般に困難だからである。

⑶ベンチャー企業への投資
　①ベンチャー・キャピタル
　　ベンチャー・キャピタル（VC）とは、ベンチャー企業の行う事業の将来性を専門的な知識とノウハウで評価し、資本を投じる投資会社のことをいう。ベンチャー・キャピタルは、投資基準を満たした企業に投資を行って、当該ベンチャー企業の株式が公開されたときにキャピタル・ゲインを得ることで利益を獲得する。
　②エンジェル
　　エンジェルとは、ベンチャー企業に投資する個人投資家のことをいう。

●社内ベンチャー……………………………………………………………【★☆☆】
⑴社内ベンチャーの意義
　社内ベンチャーとは、大企業が、企業の中にあたかもベンチャー企業を設立したかのようにして、事業を行うものをいう。
⑵社内ベンチャーのメリット
　①機動性の発揮
　②優秀な人材のスピン・アウトの防止
　③技術力の流出の防止
　④モチベーションの高揚

A06 正解－5

1－誤　本肢の記述はアメリカではなく日本についてのものである。日本のベンチャー企業の成長を制約している要因の1つとして人材不足が挙げられ、アメリカと比較して日本ではベンチャー企業が育ちにくいといわれている。
2－誤　日本においては、スピン・オフ型の割合が大きく、企業勤務の経験の乏しい者が仲間で事業を興す独自創業の占める割合は小さい。
3－誤　株式公開基準が「緩やか」ではなく、逆に「厳しすぎる」と、起業家が成功報酬を実現できず創業意欲を喪失したり、投資家が投資に慎重になるなどして、ベンチャー企業成長の障害となると考えられる。
4－誤　日本の従来の店頭登録企業はサービス業、流通企業が中心であるのに対し、アメリカのNASD登録企業はハイテク企業が多い。また、株式時価総額も大きいことから、ベンチャー企業が産業構造転換に果たす役割は大きいといえる。
5－正　ベンチャー・キャピタルとエンジェルに関する妥当な記述である。

Q07 利潤最大化

問 企業経営における利潤最大化に関する次の記述のうち、最も妥当なのはどれか。

(国税専門官)

1　一般に企業経営の目的は利潤最大化であるとされ、この場合の「利潤」には、単に企業所有者である資本家の富だけでなく、企業へ貸付けを行う金融機関や賃金を受け取る労働者の富も含まれる。

2　経営者は企業の資産規模や従業員数の増大など企業規模の成長に関心を抱くこともあるが、例えば過剰な投資により利益率が下がることもあることから、企業規模の成長は、必ずしも企業経営における利潤最大化につながるとは限らない。

3　かつての企業はゴーイング・コンサーンであることを前提に、限られた期間内に特定の目的のみを遂行する事業体として存在していたので、利潤の最大化もその期間内のみで考えられていたが、現代における企業は、継続的事業体として長期における利潤最大化を目的としている。

4　現代社会において企業に期待されているものとしては、福祉活動や医療活動への援助、メセナ活動などが挙げられる。これらは、利潤最大化という企業経営の目的とは矛盾するため、政府の介入により企業に強制することが必要である。

5　創業者や経営者が抱く経営理念や経営哲学を反映したものを企業文化という。企業文化は、創業者や経営者の満足感には影響を与えるが、企業業績に影響を与えるものではないから、利潤最大化とは関係がないといえる。

PointCheck

●経営理念　　　　　　　　　　　　　　　　　　　　　　　　　【★★☆】
経営理念とは、経営目的の価値的側面を表したものをいう。これは、具体的には、社是、社訓などと呼ばれることもある。経営理念は、実際の行動における価値や規範として機能する。

●経営目標　　　　　　　　　　　　　　　　　　　　　　　　　【★☆☆】
経営目標とは、経営目的の事実的側面を表したものをいう。
経営目標に関して、以下のように、大きく単一目標論と多目標論の2つの考え方がある。

単一目標論	①利潤極大化説	企業の経営目標は、総収入と総費用の差額としての利潤を極大化することにある。
	②利潤率極大化説	企業の経営目標は、資本の効率性を示す指標である資本利潤率を極大化することにある。
	③制限利潤説 （J. ディーン）	企業の利潤目標は、極大化原理ではなく、満足化原理に立脚する。
	④売上高極大化説 （W.J. バウモール）	寡占企業の経営目標は、必要最小利潤の確保という制約条件の下で売上高を極大化することにある。
	⑤総資本付加価値率極大化説 （藻利重隆）	企業の経営目標は、総資本付加価値率を極大化することにある。
多元的目標論	①投資利益率目標説 （H.I. アンゾフ）	経済目標として企業行動に主な影響を及ぼす「投資利益率（ROI：Rate of Return on Investment）の上昇」を挙げ、非経済的目標として「社会的責任の達成」などの二次的な目標を加えた多元的目標体系。
	②存続目標モデル （P.F. ドラッカー）	企業内の最高経営目標は「顧客を創造すること」であるとし、根本目標として「企業の存続」を挙げ、個別目標として市場における地位、革新、生産性、物的・財務的資源、収益性、経営管理者の業績と育成、作業者の業績と態度、社会的責任を加えた多元的目標体系。

A07　正解—2

1 —誤　企業経営の目的は利潤最大化であるという場合の「利潤」には、企業へ貸付けを行う金融機関や賃金を受け取る労働者の富は含まれない。経済学用語である「利潤」のことをいう。

2 —正　企業規模の成長は必ずしも企業経営における利潤最大化につながるとは限らず、近年では、業務のアウトソーシングの活用などにより、企業規模のスリム化を推進することが重要な経営課題として挙げられている。

3 —誤　ゴーイング・コンサーンとは、継続企業を意味し、企業は清算を目的とするものではなく、継続することを目的とするものであるという考え方である。よって、ゴーイング・コンサーンであることを前提とすると、限られた期間内に特定の目的のみを遂行する事業体として存在することにはならない。

4 —誤　企業に期待されている援助やメセナ活動が、利潤最大化と必ずしも矛盾するとは限らず、そもそも政府・国家の介入で強制されるべきものではない。

5 —誤　創業者や経営者が抱く経営理念や経営哲学を反映したものは、企業文化ではなく、企業理念である。企業理念は、企業業績に影響を与えるものであるので、利潤最大化とも関係があるといえる。なお、企業文化とは、企業の構成員の間で共有された価値観、行動規範、行動様式、特有の雰囲気のことをいう（**Q56**参照）。

Q08 企業の社会的責任

1　企業は利潤最大化のみではなく、より広範な社会的目的も果たすべきとする考え方の拠り所の一つとして「慈善原理」がある。この原理は、社会の受託者として活動する企業は企業の意思決定や方針によって影響を受けるすべての人たちの利害を考慮すべきとするものである。

2　H.I. アンゾフによると、企業の経営目的には資源の転換プロセスを効率化するための経済的目的と、企業内外の利害関係者の個人的目的の相互作用を反映した非経済的目的（社会的目的）があるが、企業行動に主たる影響を及ぼすのは後者であり、前者は二次的な影響を及ぼすにすぎないとされる。

3　企業の代表的な社会貢献としてメセナとフィランソロピーがある。メセナとは慈善活動のことであり、主な内容としては医療、社会福祉、教育などへの寄附活動や奉仕活動がある。フィランソロピーとは文化芸術の擁護と援助のことであり、その支援方法としては冠コンサートなど特定イベントへの直接的支援と、設立した財団を通じての支援とがある。

4　地球環境問題への認識の高まりとともに、企業による環境保全対策が企業の社会的責任の一つとして重要になってきており、国際標準化機構（ISO）では、企業の環境マネジメントの国際規格として ISO 14000 シリーズを定めている。

5　社会的責任投資とは、消費者が株主として企業の社会的責任のための活動を推進しようというものである。投資に際しては、配当や株価の上昇可能性といった投資家にとっての本来的な利益を考慮せず、企業が社会的責任を果たしているか否かを唯一の投資尺度として銘柄選択を行う。

PointCheck

◉企業の社会的責任………………………………………………………………【★★☆】

⑴企業の社会的責任の意義

　企業の社会的責任（CSR：Corporate Social Responsibility）とは、企業が自社の利益を追求するだけでなく、経営活動が社会へ与える影響に責任を持つことを意味する。企業の社会的責任を果たすには、あらゆる利害関係者（ステークホルダー：株主、投資家、債権者、消費者、地域住民など）からの要求に対して適切な意思決定をすることが必要となる。

⑵説明責任

　企業には利害関係者に対して経営活動に関する説明責任（アカウンタビリティー）がある。利害関係者に説明することができなければ、企業は社会に受け入れられず、持続・成長することができないこととなる。

(3)企業市民

　企業市民（コーポレート・シチズンシップ）とは、経済的な面のみならず、社会的な面などから総合して企業は社会の一員として存在することをいう。社会全体をオープン・システムとしたサブ・システムであると企業をとらえている。

(4)企業の社会貢献

　企業の社会貢献には、以下のものがある。

①メセナ	芸術、文化の支援活動のこと。	〈例〉冠コンサートなど特定イベントへの直接的支援、設立した財団を通じての支援
②フィランソロピー	寄付活動などによって果たされる慈善活動のこと。	〈例〉医療、社会福祉、教育などへの寄附活動や奉仕活動など

◉ ISO 14000 シリーズ ……………………………………………………………【★★☆】

　ISO 14000 シリーズとは、国際標準化機構（ISO:International Organization for Standardization）が発行した環境マネジメントシステムに関する国際規格の総称のことをいう。

知識を広げる

ISO 9000 シリーズ

　国際標準化機構（ISO）が発行した品質マネジメントシステムに関する国際規格の総称のことは、ISO 9000 シリーズという（**Q35** 参照）。

A08 正解ー4

1 －誤　第 2 文は、「慈善原理」の考え方ではなく、「受託原理」の考え方である。「慈善原理」とは、富裕者がそうでない者へ援助するという宗教的・道徳的な倫理観を企業に対して適用した考え方である。これに対して、「受託原理」とは、土地、水、鉱物などの社会一般の共有物である天然資源を採取加工して事業を行う企業が得た利益を、社会一般に還元すべきという立場である。

2 －誤　H.I. アンゾフの投資利益率目標説によると、企業行動に主たる影響を及ぼすのは経済的目的であり、非経済的目的は二次的な影響を及ぼすにすぎないとされる（**Q07** 参照）。

3 －誤　メセナとフィランソロピーに関する記述が逆である。

4 －正　地球環境問題と企業の社会的責任、ISO 14000 シリーズに関する妥当な記述である。

5 －誤　企業が社会的責任を果たしているかが唯一の尺度となるわけではなく、配当や株価の上昇可能性といった本来的な利益も当然考慮される。

Q09 日本的経営の特徴

問 次のA〜Eのうち、従来の日本的経営の特徴に関する記述として、妥当なものの組合せはどれか。
(地方上級)

A　企業間の競争においては、投資収益率や株価より売上高の確保や市場占有率を重視する。

B　事業の多角化においては、本業とは関連のない異業種の企業をM＆Aによって買収する。

C　経営の意思決定においては、個人主義を基礎として、権限と責任の関係が明確に決められ、トップ・ダウンの傾向が強くみられる。

D　従業員の採用に当たっては、専門性を重視し、特定の職務遂行能力や特定の技能を基準とする。

E　労働組合の組織形態については、産業別や職種別組合ではなく、企業別組合が中心である。

1　A、C
2　A、E
3　B、D
4　B、E
5　C、D

PointCheck

◉日本的経営··【★★★】

⑴ J.C. アベグレンの日本的経営の研究

　J.C. アベグレンは、『日本の経営』（1958）を著し、文化人類学的な方法論により、日本的経営（ジャパニーズ・マネジメント）の特徴として、終身雇用制や年功賃金制といった労務管理を挙げた。

〈日本的経営の三種の神器〉

①終身雇用制

　終身雇用制とは、ある企業に就職した労働者が定年退職するまで同一の企業に雇用されることをいう（終身コミットメント）。終身雇用制が前提にあるからこそ、年功賃金制や、新卒中心の従業員採用、手厚い従業員への教育・訓練、ジョブ・ローテーションなどを行うことができる。

②年功賃金制

　年功賃金制とは、年齢や勤続年数によって賃金が決定される給与システムのことをいう。年齢と勤続年数で昇進していく年功昇進制と組み合わせて採用される。

③企業別労働組合

　欧米では産業別や職種別の労働組合が中心であるのに対し、日本では企業別労働組合が中心である。

(2)日本企業の経営システムの特徴

企業の支配構造	・企業同士が相互の株式を持ち合う資本構造（株式の相互持合い） ・株主よりも経営執行責任者である社長の権力が強い ・株主の代表者の会合である取締役会の形骸化 ・社内的な会合である常務会が実質的な最高意思決定機関 　→株主の意思が意思決定に反映されにくい 　　長期的な企業成長を目的とした経営計画がなされる
集団的意思決定	組織の下位層からの稟議によって逐次上位層に上げていき、最終的に権限を持つ責任者が最終判断をするボトムアップ型の意思決定方式（稟議制）
生産管理	・必要な部品を必要なときに必要な量だけ供給するシステム 　（カンバン方式） ・現場従業員が主体になって行っている生産性向上活動 　（QC サークル活動やカイゼン運動など）
企業間関係	系列下請企業により市場取引から生じるリスクを低減化 （中間組織化）
資金調達	・株式・債券市場からの直接金融ではなく、銀行などの金融機関からの借入れという間接金融が中心 ・企業に対して主要取引銀行（メイン・バンク）の影響力が強い
労務管理	・定年退職するまで同一の企業に雇用（終身雇用制） ・年齢や勤続年数によって賃金が決定される給与システム 　（年功賃金制） ・企業別労働組合が中心

A09 正解—2

A—正　企業間の競争においては、株式市場からの圧力が小さい（**Q04** 参照）ことなどを背景にして、投資収益率や株価より、売上高の確保や市場占有率を重視する。

B—誤　本業とは関連のない異業種の企業を M&A により買収してきたのはアメリカ企業のコングロマリット（**Q18**、**Q22** 参照）においてみられる現象である。

C—誤　トップ・ダウンの傾向が強くみられるのは、アメリカ企業の特徴である。日本企業では、一般にボトムアップ型の意思決定（稟議制）を行う。

D—誤　採用に専門性、特定の職務遂行能力・技能を重視するのは、アメリカ企業である。

E—正　従来の日本的経営の特徴の1つとして、企業別組合が挙げられる。

Q10 企業の国際化

問　企業の国際化に関するＡ～Ｄの記述のうち、妥当なもののみをすべて挙げているのはどれか。
（国税専門官）

Ａ　現地子会社などを設立し、生産拠点を海外に進出させる海外直接投資には、それまで最終製品を輸入するのみであった現地国が外貨の獲得のためにその製品の現地国内生産化政策を進めてくることへの対処策として実施されるものがある。我が国の自動車メーカーのアメリカ合衆国への進出は、その典型的な例である。

Ｂ　近年の我が国の企業の中国への進出は、巨大な人口を抱える潜在的な市場の大きさや、安価な人件費による生産コストの優位性などを背景とするものである。しかしながら、政治・社会情勢のリスクを始めとした各種のリスクについては、懸念を示す企業も見受けられる。

Ｃ　企業の国際化の究極的な形としては、世界中に生産拠点や研究開発拠点を持ち、その調達市場や販売市場も世界中にまたがるような形態が考えられ、アメリカ合衆国の企業に多く見受けられる。我が国の企業においては、現時点では見受けられないものの、将来的にはこのような形態をとるものも出現することが考えられる。

Ｄ　企業の活動拠点の国際化は、技術・ノウハウの空洞化や雇用の空洞化を引き起こす。このうち、短期的には、技術・ノウハウの空洞化が企業にとっての懸念となるが、長期的には、国内での雇用者を大量に解雇する必要性が生じるなど、雇用の空洞化の方が企業にとってより深刻な問題を招くことになる。

１　Ａ　　２　Ｂ　　３　Ａ、Ｃ　　４　Ｂ、Ｄ　　５　Ｃ、Ｄ

PointCheck

◉企業の国際化……………………………………………………………………【★☆☆】

⑴多国籍企業

多国籍企業とは、経営活動の拠点を１つの国に置かず、複数の国にわたって世界的に経営活動を行っている企業のことをいう。

⑵ R. バーノンの国際化プロセス

R. バーノンは、アメリカ企業は、「先進工業国へ輸出→先進工業国で現地生産→発展途上国へ輸出→発展途上国で現地生産」というように国際化が進展し、日本企業は、「先進工業国へ輸出→発展途上国で現地生産→発展途上国で販売→先進工業国で現地生産」というように国際化が進展したと述べている。

知識を広げる

C.A. バートレットと S. ゴシャールによる多国籍企業の類型
　C.A. バートレットと S. ゴシャールは、多国籍企業を以下のように分類している。

①グローバル企業	世界を1つの市場ととらえ世界中に共通の製品を供給。
②マルチナショナル企業	各国の市場の特性に応じて異なった製品仕様を採用。
③インターナショナル企業	海外子会社に権限を委譲するが、重要事項に関しては本社が統括。

M.E. ポーターによる多国籍企業の類型
　M.E. ポーターは、海外事業を展開する企業のタイプを以下のように分類している。

| ①マルチドメスティック企業（多元的国内企業） | 各国に配置された会社は、相互に独立しているが、本社のコントロールに従って海外事業を展開する。 |
| ②グローバル企業 | 各国の会社間が連携し、情報・ノウハウを共有することなどにより、海外事業を世界的に連結させて展開する。 |

J.H. ダニングの OLI パラダイム（折衷理論）
　海外直接投資という複雑な事象を説明するために、所有（owner）、立地（location）、内部化（internalization）3つの要素が同時に満たされ、企業の意思決定がなされる必要があるとした。

J. ストップフォードと L. ウェルズの多国籍企業発展段階モデル
　①独立的海外子会社、②国際事業部の設置、③国際製品事業部や地域別事業部へ展開、④グローバルなマトリックス構造

多国籍企業のグローバル・イノベーションのパターン
　①センター・フォー・グローバル：本社の成果を海外子会社で活用
　②ローカル・フォー・ローカル：海外子会社が現地市場向けに開発・展開
　③ローカル・フォー・グローバル：海外子会社の成果を企業全体で共有
　④グローバル・フォー・グローバル：全海外子会社の成果を企業全体で活用

A10 正解－2

A － 誤　我が国の自動車メーカーのアメリカ合衆国への進出は、円高の急激な進展や貿易摩擦を回避するために実施されたものであった。

B － 正　なお、海外進出にあたり、進出先の国の政治・経済・社会環境の変化のために収益が変動するリスクの度合いのことを、カントリーリスクという。

C － 誤　我が国の企業にも、世界中に生産・研究開発の拠点を持ち、調達・販売市場が世界中におよぶ世界企業が存在する。

D － 誤　短期と長期に関する記述が逆である。短期的には国内雇用の空洞化、長期的には技術・ノウハウの空洞化が生じる。

Q11 株式会社の機関

問　株式会社に関するA〜Dの記述のうち、妥当なもののみをすべて挙げているのはどれ
か。　　　　　　　　　　　　　　　　　　　　　　　　　　　　　　（国税専門官）

A　取締役会設置会社の経営は代表権を持つ代表取締役を中心として行われる。このため、
　会社法は、取締役会の上部機関としての代表取締役を三人以上置くことを求めるとともに、
　その選任・解任は株主総会で決議すべき事項としている。

B　会社法上、すべての株式会社で委員会設置会社の組織形態を採用することが可能である。
　委員会設置会社では、取締役会の中に指名委員会、監査委員会、参与委員会の三つの委員
　会が設置される。監査委員会は全委員が社外取締役であり、会計監査人の選任・解任等を
　任務としている。

C　コーポレート・ガバナンスとは、企業そのものを誰がどのように統治するかという問題
　であり、その中心的課題は経営者のチェックである。企業を取り巻く重要な利害関係者と
　しては、株主、従業員、顧客、取引先、地域社会等が挙げられる。

D　A.A. バーリとG.C. ミーンズは、企業が証券市場からの資金調達を活性化させるに従っ
　て株式所有の分散が進展し、それが乗っ取り（テイクオーバー）の脅威を高めるため、株
　主の意向をより重視した企業経営が必要となる時代の到来を指摘し、これを「所有と支配
　の分離」と名付けた。

1　C
2　D
3　A、B
4　A、C
5　B、D

PointCheck

◉株式会社の機関‥‥‥‥‥‥‥‥‥‥‥‥‥‥‥‥‥‥‥‥‥‥‥‥‥‥‥‥‥‥【★★★】
　株式会社の機関には、以下のものがある。会社法において絶対的に必要な機関は、株主総
会と取締役である。

①株主総会	株式会社の最高意思決定機関であり、株主によって構成される。取締役・監査役の選任・解任などの株式会社の経営に関する基本的重要事項を決定する。
②取締役・取締役会	取締役は、株式会社の業務執行を行う。取締役の員数は、原則として1人以上であるが、株式の譲渡制限をしていない会社、監査役会設置会社や取締役会設置会社においては3人以上でなければならない。

第1章

第2章

第3章

第4章

第5章

	取締役会は、業務執行に関して意思決定するとともに、代表取締役などを監督する。株主総会の決議事項を除いた、代表取締役の選任などの重要な業務に関する意思決定を行う。
③代表取締役	対外的に会社を代表し、対内的に会社の業務を執行する。
④監査役・監査役会	監査役は、取締役・会計参与の業務について、会社経営の業務監査と会計監査を行う。監査役会は、監査方針の決定や監査報告の作成などを行う。3人以上の監査役(半数以上は社外監査役であること)で構成される。
⑤委員会	主に大企業において会社経営を合理的に行っていくために設けられた機関で、指名委員会、監査委員会、報酬委員会からなる。
⑥会計監査人	計算書類や附属明細書の適正性を監査する。
⑦会計参与	取締役・執行役と共同して計算書類を作成する。

●委員会設置会社‥‥‥‥‥‥‥‥‥‥‥‥‥‥‥‥‥‥‥‥‥‥‥‥‥【★★☆】

委員会設置会社とは、以下の指名委員会、監査委員会、報酬委員会を設置している会社のことをいう。

①指名委員会	取締役の選任・解任に関する議案を決定する。
②監査委員会	取締役・執行役の職務執行を監査する。
③報酬委員会	取締役・執行役の個人報酬額、算定方法を決定する。

Level up Point! 平成18年5月の会社法施行に伴い、より実態にあった組織作りが可能となった株式会社の機関について、詳細な知識が試されることになる。

A11 正解—1

A—誤 取締役会設置会社における代表取締役の選任・解任は、株主総会ではなく、取締役会で決議すべき事項である。また、代表取締役に選任人数の規制はない。

B—誤 会社法上、取締役会と会計監査人を置く会社で委員会設置会社の組織形態を採用することが可能である。すべての株式会社ではない。また、監査委員会は全委員が社外取締役である必要はなく、過半数であればよい。

C—正 コーポレート・ガバナンスに関する妥当な記述である(**Q04** 参照)。

D—誤 A.A. バーリと G.C. ミーンズは、専門経営者が会社経営を支配するようになると指摘している(**Q01** 参照)。

Q12 eビジネス

問 eビジネスに関する次の記述のうち、妥当なのはどれか。 （国家一般）

1 電子商取引（EC）は当初、一般消費者に対して商品を販売するB to Bモデルが先行したが、利益が小さく継続性がないため収益をあげるのが困難であったため、それに替わって利益が大きく継続的な取引を見込めるB to Cが注目され発展するようになった。

2 eマーケット・プレイスとは、インターネット・ウェブ上で特定の買い手と売り手を緊密に結びつけ継続的な商取引の場とする仮想市場のことであるが、多くの企業が自由に参加できる従来の電子データ交換（EDI）より取引の効率化がはかれるため、日本では多くの総合商社が参入している。

3 サプライチェーン・マネジメント・システムは、ITを駆使して素材の生産から製品の製造、物流、小売りまでの各企業が、各業務の統合を管理し、共通の情報を共有し、在庫や流通のコスト削減、リード・タイム短縮による顧客サービスの向上などを目的にしたものである。

4 プラットフォーム・ビジネスは、コンピュータ・ネットワークの活用により、自動車のプラットフォーム（車台）の設計と製造の効率化のため完成車企業と下請け部品企業との間で発展したビジネスの総称で、両者の間のコンカレント・エンジニアリングを促進している。

5 ビジネス・モデル特許は、インターネットやITの発展で登場したニュー・ビジネスから既存のオールド・ビジネスを保護するために、既存のビジネスの手法を知的財産権として認めようという特許である。しかし、最近では、ネット経済の成長を妨げるという理由から反対意見も出ている。

PointCheck

◉eビジネス ……………………………………………………………………【★★☆】
⑴eビジネスの意義
　eビジネスとは、インターネットなどのネットワークとコンピュータなどの電子機器を活用することで、企業の業務全般を電子化し効率化することをいう。eビジネスのeは、電子（electronic）を表す。
⑵電子商取引
　電子商取引（EC：Electric Commerce）とは、インターネットなどのネットワークとコンピュータなどの電子機器を活用して電子的な情報をやりとりすることにより、商品やサービスを売買することなどをいう。これには、以下のものがある。

①企業対消費者間取引 （B to C：Business to Consumer）	企業が一般消費者に対して商品・サービスを販売する電子商取引のこと。

②企業間電子商取引 （B to B：Business to Business）	企業対企業の電子商取引のこと。
③消費者間取引 （C to C：Consumer to Consumer）	インターネットオークションなど、消費者対消費者の電子商取引のこと。

⑶サプライ・チェーン・マネジメント

サプライ・チェーン・マネジメント（SCM）とは、原材料の購買・製品の生産・販売という一連の流通の流れをIT（情報技術）を活用して総合的に管理する手法をいう。

▼ SCM の目的
①在庫や流通のコストを削減する。
②多様な商品を短いリードタイム（所要期間）で供給する。
③販売機会損失の最小化を図る。

知識を広げる

SCM を支える IT（情報技術）には、以下のものがある。

① ERP（エンタープライズ・リソース・プランニング）	購買、生産、販売、物流、会計、人事などの企業全体の経営資源を有効的・統合的に管理する業務システム。
② EDI（エレクトリック・データ・インターチェンジ）	情報交換をコンピュータによるネットワークを通じて行うシステム。
③ DWH（データ・ウェア・ハウス）	マーケティング分析などをするために、業務から発生したデータを集積したデータベース。

Level up Point! 近年では、さまざまなｅビジネスが登場してきている。新聞紙上をにぎわすような身近で最新の知識が試されることになる。

A12 正解ー3

1－誤　「B to B」（企業間電子商取引）と「B to C」（企業対消費者間取引）に関する記述が逆である。

2－誤　ｅマーケット・プレイスとは、多くの企業が自由に参加できるものである。

3－正　サプライチェーン・マネジメント（SCM）に関する妥当な記述である。

4－誤　プラットフォーム・ビジネスのプラットフォームとは、コンピュータの基本となるソフトウェア（OS：オペレーティング・システム）やハードウェアのことである。

5－誤　狭義のビジネス・モデル特許とは、インターネットなどのIT（情報技術）を利用した独自の新しいビジネス手法やモデルに関する特許権を指す。

Q13 ドラッカーの経営論

問 ドラッカーの経営論に関する記述として、妥当なのはどれか。 （地方上級）

1 彼は、企業は社会の機関であり、顧客の生活の質の向上を常に考えた経営を行うため、社会に対して衝撃を与えることはないとしている。

2 彼は、企業の生存こそが企業の目標であるとする企業生存説を否定し、企業の目標は利潤の極大化であるとしている。

3 彼は、事業の目的は顧客の創造であるとし、顧客を創造するための企業の基本的な機能は、マーケティングとイノベーションであるとしている。

4 彼は、所有と経営との分離という観点から経営者の役割を限定的なものとしてとらえ、経営者の職務は、事業の経営のみであるとしている。

5 彼は、利潤は、企業活動の成果を測定する尺度であり、顧客に還元するため、事業活動における将来のリスクの補償に利潤を充当すべきでないとしている。

PointCheck

◉ P.F. ドラッカーの経営論 ……………………………………………【★★☆】

(1)顧客の創造

P.F. ドラッカーは、『現代の経営（上）』において、企業を社会の一機関ととらえ、事業の目的を社会に求め、事業の目的は顧客を創造することであると主張している。また、彼は、『マネジメント（上）』において、企業が経済的価値を生むことができるのは顧客を創造するからであると述べている。

(2)目標管理

同じく『現代の経営（上）』において、ドラッカーは目標管理を提唱し、マネジメント・ブームを巻き起こした。目標管理（MBO：Management By Objectives）とは、仕事や従業員の活動を目標によって管理することをいう。目標管理では、仕事の方法について上司が従業員に対して詳細に指示・命令するのでなく、従業員自身の目標を組織目標に基づいて上司と相談し、従業員自身がそれを設定し、自己の目標の達成と評価を従業員自身が行うことによって、業務に対するモチベーションを高めるものである。目標管理は、1950年代から1960年代にかけて、多くのアメリカ企業で導入された。

(3)マーケティング

ドラッカーは、『マネジメント（上）』において、マーケティングの重要性を指摘し、マーケティングというものは、顧客から、つまり顧客の人口統計、現実、欲求、価値観から出発すると述べている。

(4)イノベーション

『マネジメント（上）』において、ドラッカーは、顧客を創造するためにはイノベーションが重要であることを指摘し、イノベーションとは、今までとは違った経済的満足を与えるこ

問題でPointを理解する
Level 2 **Q13**

第1章

第2章

第3章

第4章

第5章

とであると述べている。

⑸社会主義革命

　『見えざる革命』では、ドラッカーは、1970年代半ばのアメリカ企業に、社会主義革命が起きていることを指摘した。アメリカ企業の従業員は年金基金を通じて全産業の株式の約25%を所有し、個人事業主などの年金基金は全産業の株式の約10%を所有していることから、労働者が企業を所有しているという意味で、社会主義革命が進行していると述べたのである。

◉存続目標モデル　　**繰り返し確認** ……………………………………………【★★☆】

　P.F.ドラッカーは、企業内の最高経営目標は「顧客を創造すること」であるとし、根本目標として「企業の存続」を挙げ、個別目標として以下の8つを加えた多元的目標体系を主張している。

最高経営目標	顧客を創造すること
根本目標	企業の存続
個別目標	市場における地位、革新、生産性、物的・財務的資源、収益性、経営管理者の業績と育成、作業者の業績と態度、社会的責任

Level up Point!　近年、ドラッカーの経営論が脚光を浴びている。ドラッカーの経営論について、基本的な考え方に加えて、より細かな知識が試されることになる。

A13 　正解—3

1 —誤　ドラッカーは、企業は社会の機関であり、社会に対して衝撃を与えるものととらえている。

2 —誤　ドラッカーは、企業の目標は利潤の極大化であるという考え方を否定し、企業の生存こそが企業の目標であるとしている（**Q07**参照）。

3 —正　ドラッカーの経営論に関する妥当な記述である。著書『現代の経営（上）』『マネジメント（上）』において、顧客の創造、マーケティングとイノベーションが述べられている。

4 —誤　ドラッカーによると、経営者の職務は、事業の経営のみではなく、経営者を管理することや社会的責任、労働者と仕事の管理などがあるとしている。

5 —誤　ドラッカーによると、利潤は、企業活動の成果を測定する尺度であるが、不確実性に対する保険であるとしており、顧客に還元するため、事業活動における将来のリスクの補償に利潤を充当すべきでないとは考えていない。

Q14 日本的経営

問 我が国の企業経営に関する次の記述のうち、妥当なのはどれか。 （国家一般）

1　J.C. アベグレンは、1950年代後半に日本の工場を調査した結果、日本の雇用制度は先任権制度に基づくレイ・オフによって雇用調整が行われており、アメリカ合衆国の制度と非常に似ているとした。日本的経営の特徴といわれる終身雇用制は、石油危機以降に普及したものである。

2　多品種少量生産を重視する生産システムであるトヨタ生産方式では、機械や生産ラインで不良品が量産されることを防止する手段を機械のメカニズムにビルトインしてある、いわゆる「自働化」が重要な要素の一つである。

3　P.F. ドラッカーは、我が国の稟議制度について、決定に時間がかかること、また決定に至るまでの過程において稟議内容に様々な制約条件が付されるため実行も遅くなることから、組織構成員の参画の機能及び動機づけの面に大きな負の効果があると主張した。

4　品質管理の方法である我が国のTQCとアメリカ合衆国のSQCを比較すると、前者は専門職により統計理論を応用した最適検査システムを用いて行われたものであるのに対し、後者は専門職に限らず企業全体的に推進されたものである。

5　我が国の労使関係をみると、1970年代以降、経済成長率の低下を受け、労働者賃金の伸びも落ち込んだことから、協調的関係から紛争的関係へと変容を遂げ、労働組合の組織率も1970年代後半から上昇傾向となり、1989年には50％を超えた。

PointCheck

●トヨタ生産方式　繰り返し確認 ……………………………………【★★★】

⑴ジャストインタイム

　ジャストインタイムは、すべての生産工程において後工程の要求に適合するよう、必要なものを、必要なときに，必要なだけ供給する生産方式のことをいう。ジャストインタイム生産システム、JIT（Just In Time）方式と呼ばれることもある。

　カンバン方式とは、部品納入の時間・数量を記載したカンバンと名づけられた作業指示書をやり取りすることによって、必要な部品を必要な時間に必要な量だけ供給し、余分な部品在庫を持たないようにする仕組のことをいう。

⑵ニンベンのついた自働化

　自働化とは、不良が発生した際に機械が自動的に停止し、後の工程へ不良品が送られずに、良品のみを送るようにすることをいう。自働化は、無駄を徹底的に排除するためのものである。

●品質管理……………………………………………………………………………【★★★】

(1)品質管理の意義

品質管理（QC：Quality Control）は、顧客に提供する商品やサービスの品質を向上するための管理活動のことをいう。

(2) QC サークル活動

QC サークル活動とは、製品の品質向上を図るため、従業員が小集団で行う自主的な活動のことをいう。従業員の経営参加の手段、動機づけの意味合いもある。

(3) TQC

TQC（Total Quality Control）とは、製造部門だけでなく、サービス部門や管理部門など全社的に QC 活動を行なうことをいう。

(4) SQC

SQC（Statistical Quality Control）とは、統計的品質管理のことをいう。品質管理において、QC 七つ道具、実験計画法、回帰分析、多変量解析などの統計的手法が用いられる。

第1章 第2章 第3章 第4章 第5章

Level up Point!
日本的経営については、いわゆる三種の神器といわれる労務管理だけではなく、日本企業の経営システムの特徴を理解することが重要である。特に生産管理に関しては詳細な知識が試されることになる。

A14 正解－2

1－誤　J.C. アベグレンは、1950 年代後半に日本の工場を調査した結果、アメリカ合衆国の制度と大きく異なると主張した。彼は、日本の経営は、終身的雇用制、年功賃金制、企業別労働組合などの労務管理によって特徴づけられると指摘した。また、終身雇用制は、石油危機以降に普及したものではなく、1950 年代半ばから 1970 年代初頭までの高度経済成長時代に普及した。

2－正　トヨタ生産方式に関する妥当な記述である。不良が発生した際に機械が自動的に停止し、後の工程へ良品のみを送るようにするニンベンつきの自働化である（**Q35** 参照）。

3－誤　稟議制度は、決定に時間がかかるが、集団的な意思決定方式であるので、組織構成員の参画の機能及び動機づけの面に正の効果がある（**Q09** 参照）。

4－誤　TQC と SQC に関する記述が逆である。アメリカ合衆国の SQC は専門職により統計理論を応用した最適検査システムを用いて行われたものである。一方、我が国の TQC は、専門職に限らず企業全体的に推進されたものである（**Q41** 参照）。

5－誤　労働組合の組織率は、1976 年以降減少傾向にある。

Level 1 p34〜p53　Level 2 p54〜p61

1 経営戦略の概念

Level 1 ▷ Q15,Q24

⑴経営戦略の定義
企業を取り巻く環境と企業の適合に関する将来的指針のこと。

⑵経営戦略の内容
①事業領域の決定（ドメインの決定）、②資源展開の決定（資源配分）、③競争戦略の決定（競争優位）、④組織間関係の決定（外部組織との関係）

⑶経営戦略のサブ・システム ▶p52
①企業戦略、②事業別戦略（競争戦略）、③機能別戦略

2 製品－市場戦略

Level 1 ▷ Q16〜Q18,Q24　Level 2 ▷ Q26

⑴H.I. アンゾフの成長ベクトル ▶p36
①市場浸透戦略、②市場開発戦略、③製品開発戦略、④多角化戦略

⑵多角化 ▶p37 ▶p39
①関連型多角化と非関連型多角化、②水平型多角化と垂直型多角化（垂直的統合）

⑶シナジー効果 ▶p38
複数の関連要素を結びつけ、各要素の持つ力の総和を超えた力を出す相乗効果のこと。

⑷戦略シナジー（H.I. アンゾフの分類）
①販売シナジー、②生産シナジー、③投資シナジー、④経営管理シナジー

⑸ポートフォリオ効果 ▶p39
資源を分散させることによって全体としてのリスクを低減する効果のこと。

⑹研究開発（R&D）
①基礎研究、②応用研究、③開発研究

⑺合併・買収（M&A） ▶p40
①水平型 M&A、②垂直型 M&A、③多角化型 M&A、④コングロマリット型 M&A

3 プロダクト・ポートフォリオ・マネジメント（PPM）

Level 1 ▷ Q19　Level 2 ▷ Q25,Q27

⑴プロダクト・ポートフォリオ・マネジメント（PPM）の概念 ▶p42
製品や事業に関するポートフォリオ管理の手法。

⑵PPM 理論の前提
①製品ライフサイクル（PLC）、②経験曲線

⑶プロダクト・ポートフォリオ・マトリックス
①金のなる木、②花形、③問題児、④負け犬

4 競争戦略　　Level1 ▷ **Q20,Q21,Q23**　Level2 ▷ **Q25,Q28**

(1)**業界の収益性を決定する5つの競争要因（M.E. ポーター）** ▶p44
　①売り手の交渉力、②買い手の交渉力、③新規参入の脅威、④代替製品・サービスの脅威、⑤業者間の敵対関係の程度
(2)**競争優位**
　①コスト優位、②差別化優位
(3)**基本的な競争戦略（M.E. ポーター）** ▶p55 ▶p60
　①低原価戦略（コスト・リーダーシップ戦略）、②差別化戦略、③焦点絞り込み戦略（集中戦略）
(4)**市場地位別の競争戦略（P. コトラー）** ▶p46
　①リーダー、②チャレンジャー、③フォロワー、④ニッチャー

5 組織間関係　　Level1 ▷ **Q22**

(1)**企業集中・企業結合** ▶p48
　①カルテル（企業連合）、②トラスト（企業合同）、③コンツェルン（企業連携）
(2)**協働関係** ▶p49
　①企業提携（アライアンス）、②系列、③合弁事業、④ OEM 生産

6 戦略と組織　　Level1 ▷ **Q15,Q24**

(1)**組織は戦略に従う** ▶p34
　A.D. チャンドラーによる命題。
(2)**戦略の類型**
　①分析型戦略論（H.I. アンゾフの成長戦略、PPM、競争戦略など）
　②プロセス型戦略論→戦略は組織に従う

7 企業の革新と成長　　Level1 ▷ **Q23**

(1) **J.A. シュンペーターによる革新（イノベーション）の定義** ▶p50
　企業者が市場、技術、経営資源などの新結合によって創造的破壊を行うこと。
(2) **W.J. アバナシーによる技術革新の4段階** ▶p50
　①プロダクト・イノベーション（製品革新）、②プロセス・イノベーション（工程革新）、③インクリメンタル・イノベーション（積み重ね革新）、④脱成熟

Q15 チャンドラーの経営戦略論

問 チャンドラーに関する記述として，妥当なのはどれか。 （地方上級）

1 彼は、経営学において初めて戦略の概念を提示し、戦略は、短期的な目標を実現するための資源配分を決定することであるとした。

2 彼は、アメリカの大企業における組織の発展過程の研究を基に、組織は戦略に従うという命題を提示した。

3 彼は、企業の経営管理という見える手よりも市場における見えざる手が、市場で大きな役割を果たすようになった過程を明らかにした。

4 彼は、経営者資本主義はアメリカで進んでいると考えたことから、アメリカの企業のみを対象として研究を行っており、国際比較研究は行っていない。

5 彼は、生産、流通及び経営への投資を最初に実行した企業を一番手企業とよんだが、企業の経営環境は変化するため一番手企業の優位性を認めていない。

PointCheck

● A.D. チャンドラーの経営戦略論 ……………………………………………【★★★】

(1)経営戦略

本来、軍事用語であった「戦略（Strategy）」という概念を経営学の分野に最初に導入したのは、A.D. チャンドラーであるといわれている。彼は、『経営戦略と組織』において、経営戦略を、企業の長期な目的を決定し、それを遂行するために必要な資源を割り当てることと定義している。

(2)組織は戦略に従う

A.D. チャンドラーは、『経営戦略と組織』において、アメリカにおける事業部制組織の成立と発展を分析した。彼は、デュポン、ゼネラルモーターズ（GM）、ニュージャージー・スタンダード石油、シアーズ・ローバックの４社の分析を行い、環境変化に適応するよう戦略を策定し自らの組織形態を変えている企業が、産業において成功をおさめていることを発見した。このことから、彼は「組織は戦略に従う」という命題を導き出し、組織が生き残るためには変化する環境に適応し、自らの組織形態を変革していく必要性があることを主張した。

(3)マネジメントの見える手

『見える手』において、チャンドラーは、流通・製造部門の革命による大量流通・大量生産の実現と、企業の経営管理という「マネジメントの見える手（visible hand management）」の重要性を主張した。彼は、19世紀末から20世紀初頭の間に、アダム・スミスが述べた「見えざる手」と呼んだ市場機構は、企業の経営管理という「見える手」に代わったことを指摘し、「見える手」の台頭を経営者革命と呼んだ。

問題でPointを理解する
Level 1 **Q15**

第1章

第2章

第3章

第4章

第5章

⑷一番手企業

　チャンドラーは、『スケール・アンド・スコープ』において、アメリカ、イギリス、ドイツ3カ国の企業を国際比較することによって、一番手企業の優位性を主張した。彼は、競争優位を発揮している企業は、以下の三叉投資（さんさとうし）を積極的に行った企業である一番手企業であると指摘した。

　　①生産への投資、②流通への投資、③マネジメントへの投資

◉企業成長の4段階説　理解を深める　…………………………………………【★☆☆】

　デュポン、ゼネラルモーターズ（GM）、ニュージャージー・スタンダード石油、シアーズ・ローバックの4社の分析を基礎として、チャンドラーは、最終的には19世紀末から20世紀初頭の約200社におよぶアメリカの大企業の組織の変遷を調査した。その結果、事業の多角化を行うという経営戦略を採用することにより、職能別部門制組織から事業部制組織へと組織形態が移行することを指摘し、以下のような企業成長の4段階説を提唱した。

①経営資源の蓄積	買収・合併により経営資源の蓄積が進展する。
②経営資源の合理的運用	集約的な職能別部門制組織が編成される。
③成長の継続	経営戦略として事業の多角化を採用する。
④経営資源の効率的運用の合理化	多角化に伴って事業部制組織が編成される。

◉ルメルトの多角化戦略タイプ　…………………………………………………【★☆☆】

　R.ルメルトはチャンドラーの戦略論に沿って、多角化した事業を、①専業型、②垂直型、③本業中心型、④関連型、⑤非関連型の5つに分類した。ここでは関連比率・垂直比率・専門化比率という全体に占める売上げ構成比を用いて、統計的に分類し多角化戦略を説明した。

A15　正解−2

1−誤　A.D.チャンドラーによると、戦略は、短期的ではなく、長期的な目標を実現するための資源配分を決定することであるとされている。

2−正　チャンドラーに関する妥当な記述である。彼は『経営戦略と組織』において、「組織は戦略に従う」という命題を提示した。

3−誤　チャンドラーは、アダム・スミスのいう市場機構における「神の見えざる手」よりも企業の経営管理という「マネジメントの見える手」が、大きな役割を果たすようになった過程を明らかにした。

4−誤　『スケール・アンド・スコープ』においてチャンドラーは、アメリカ、イギリス、ドイツの企業の国際比較研究を行っている。

5−誤　『スケール・アンド・スコープ』においてチャンドラーは、「一番手企業」の優位性を認めている。

Q16 アンゾフの経営戦略論

問 アンゾフの経営戦略論に関する記述として、妥当なのはどれか。 （地方上級）

1　アンゾフは、アメリカの大企業の組織が職能別組織から事業部制組織へと変化していることを指摘し、「組織構造は戦略に従う」という命題を主唱した。
2　アンゾフは、企業が新しい製品市場分野に参入する際の、その新製品市場分野と旧製品市場分野との間の結合効果を、「成長ベクトル」と名付けた。
3　アンゾフは、製品市場戦略のうち、企業が現行市場に対して現有製品を継続しながら売上高や市場占有率の拡大を図っていく戦略を、市場開拓戦略とした。
4　アンゾフは、製品市場戦略のうち、企業が現行市場に対して新製品を投入することで売上高や市場占有率の拡大を図っていく戦略を、市場浸透戦略とした。
5　アンゾフは、製品市場戦略のうち、企業が新規市場に新製品を投入して市場を開拓していく戦略を、多角化戦略とした。

PointCheck

● H.I. アンゾフの経営戦略論 ……………………………………………【★★★】

⑴戦略の構成要素

　H.I. アンゾフは、『企業戦略論』において、戦略の構成要素として、以下の4つを挙げた。

①製品・市場分野	自社がどの事業や製品に力を入れていたのかを認識し、製品と市場の組合せを検討する。
②成長ベクトル	製品と市場の組合せから、企業成長の方向性を探求する。
③競争優位	競争上の優位性を生み出す。
④シナジー	経営資源の共有化による相乗効果を生み出す。

⑵成長ベクトル

　H.I. アンゾフは『多角化のための戦略』において、企業成長の方向性を「成長ベクトル」と名付けた。これは、以下のように、製品について新製品か現有製品かの2通り、市場について新市場か現行市場かの2通りで、2×2＝4通りの組合せで示される。

市場＼製品	現有製品	新製品
現行市場	①市場浸透戦略	③製品開発戦略
新　市　場	②市場開拓戦略	④多角化戦略

①市場浸透戦略
　市場浸透戦略とは、現有製品を現行市場により多く販売して成長を図るものをいう。
②市場開拓戦略
　市場開拓戦略とは、新市場に現有製品を販売して成長を図るものをいう。

③製品開発戦略

　製品開発戦略とは、現行市場に新製品を販売して成長を図るものをいう。

④多角化戦略

　多角化戦略とは、新市場に新製品を販売して成長を図るものをいう。

　※①〜③の３つは、拡大化と呼ばれる。

⑶多角化

　H.I. アンゾフは、どのような製品・市場に進出し、経営資源を配分するかが重要であるとし、上記の多角化戦略を、さらに以下のように分類した。

① 水平型多角化 （水平的統合）	現在の顧客と同じタイプの顧客に対して進出する（関連製品多角化）。
② 垂直型多角化 （垂直的統合）	現在の顧客とまったく同じ顧客に対して、現在展開している事業の川上（前段階）あるいは川下（後段階）へ進出する（関連機能多角化）。
③ 集中型多角化	技術面とマーケティング面の少なくとも一方でシナジー効果が期待できる分野に進出する（同心円的多角化）。
④ 集成型多角化	現在の分野にまったく関連がなく、シナジー効果が期待できない分野に進出する（コングロマリット的多角化）。

　※消費者に製品が販売されるまでの企業活動を、「原材料の購買段階」→「製品の製造段階」→「消費者へ製品の販売段階」として川の流れのようにとらえた場合、消費者により近い段階を川下、消費者からより遠い段階を川上という。

A16 正解—5

1 —誤　H.I. アンゾフは、「戦略は組織構造に従う」という命題を主張した。アメリカの大企業の組織が職能別組織から事業部制組織へと変化していることを指摘し、「組織構造は戦略に従う」という命題を主唱したのは、A.D. チャンドラーである（**Q15** 参照）。

2 —誤　H.I. アンゾフは、製品が新製品か現有製品かの２通り、市場が新市場か現行市場かの２通りの、合計４通りの組合せで「市場浸透」「市場開拓」「製品開発」「多角化」の成長ベクトルを示した。

3 —誤　H.I. アンゾフによると、本肢のような戦略は、「市場開拓戦略」ではなく、「市場浸透戦略」である。

4 —誤　H.I. アンゾフによると、本肢のような戦略は、「市場浸透戦略」ではなく、「製品開発戦略」である。

5 —正　H.I. アンゾフの多角化戦略に関する妥当な記述である。H.I. アンゾフの多角化戦略の定義は、製品についても市場についてもいずれも新しいものであるという点がポイントとなる。

Q17 シナジー

問 経営学におけるシナジーに関する記述として、妥当なのはどれか。 　　　（地方上級）

1　シナジーは、企業が新しい事業に進出する場合に、新しい事業と既存の事業との間に生じる相乗効果であるが、シナジーは常にプラスになるとは限らないとされる。

2　シナジーは、企業が既存の事業との関連がない分野へ進出する場合の方が、関連がある分野へ進出する場合よりも、異なる経営資源が一つになるため、シナジーは常に大きくなるとされる。

3　販売シナジーとは、企業が新しい事業に進出する場合に、既存の販売管理組織などを利用することにより得られる効果をいい、販売シナジーの例として、投資の増大がある。

4　生産シナジーとは、企業が既存の事業との関連がない分野へ進出する場合に、既存の生産設備などを利用することにより得られる効果をいい、生産シナジーの例として、研究開発費の削減がある。

5　経営管理シナジーとは、従業員が身につけてきた事業の実施に伴うノウハウなどを利用することにより得られる効果をいうが、既存の製品との関連がない分野へ進出する場合には、経営管理シナジーは得られないとされる。

PointCheck

●シナジー･･･【★★★】

(1)シナジーの意義

　シナジーとは、複数の関連する要素を結びつけて、各要素の持つ力の総和を超えた力を出す相乗効果のことをいう。しかしながら、シナジーには、プラスの相乗効果だけではなく、マイナスの相乗効果もあることに注意する必要がある。

(2)H.I. アンゾフのシナジーの 4 類型

①販売シナジー	流通チャネル、販売管理組織、広告・販売、ブランドなどを共有することにより得られる相乗効果。
②生産シナジー	生産設備、生産要員、原材料の一括大量仕入れなどにより得られる相乗効果。
③投資シナジー	機械設備、原材料用倉庫などを共有することにより得られる相乗効果。
④経営管理シナジー（マネジメント・シナジー）	経営管理ノウハウやスキル、総合的な管理上の制度などを共有することにより得られる相乗効果。

※②と③をまとめて、操業・投資シナジーと呼ぶこともある。

●多角化の決定 理解を深める ･･【★☆☆】

　H.I. アンゾフの『企業戦略論』における主なテーマは、多角化の決定をいかに行うかである。

第1章

第2章

第3章

第4章

第5章

多角化するには、どのような製品・市場に進出し、環境適応して、いかに自社の経営資源を合理的に配分するかが重要となる。このことから、彼は、戦略の構成要素（**Q16**参照）の4つのうち、成長ベクトルとシナジーを挙げている。

知識を広げる

ポートフォリオ効果
　ポートフォリオ効果とは、資源を分散させることによって、全体としてのリスクを低減させる効果のことをいう。シナジー効果とポートフォリオ効果の観点、リスクの観点から、関連型多角化と無関連型多角化についてまとめると、以下のようになる。

多角化のタイプ	シナジー効果	ポートフォリオ効果	進出事業自体のリスク	企業全体のリスク
関連型多角化	大きい	小さい	小さい	大きい
無関連型多角化	小さい	大きい	大きい	小さい

A17 正解ー1

1ー正　シナジーに関する妥当な記述である。シナジーは、一般に「1＋1＝2ではなく、1＋1は2を超える」というように説明されるが、マイナスのシナジーもある。たとえば、高級腕時計メーカーは、高価額で品質の高い腕時計メーカーであるブランド・イメージを崩さないようにするために、若者に対する安価で高機能の腕時計分野に多角化する場合には、別ブランドをつくり、マイナスのシナジー効果の影響を高価額で品質の高い腕時計分野に及ぼさないようにしている。

2ー誤　既存事業と関連がある分野へ進出する場合のほうが、経営資源を効率的に用いることができるため、シナジーは大きくなる。

3ー誤　販売シナジーがあるケースでは、既存の販売管理組織などを利用することができるため、新たな投資は必要とならない。

4ー誤　企業が既存の事業との関連がある分野へ進出する場合のほうが、既存の生産技術や生産設備を利用することができるため、むしろ生産シナジーは得やすい。

5ー誤　既存の製品との関連がない分野へ進出する場合にも、従業員が身につけたノウハウなどを利用することができ、経営管理シナジーは得られる。

Q18 M&A

問 企業の M&A に関する記述として、妥当なのはどれか。 （地方上級）

1 水平型 M&A は、当該企業がそれまで手掛けていない事業を営む企業を対象とした M&A で、新規事業分野への参入等を目的とする。

2 垂直型 M&A は、当該企業と同様の事業を営む企業を対象とした M&A で、既存事業の規模拡大等を目的とする。

3 多角化型 M&A は、原材料や商品の仕入先企業あるいは自社製品の販売先企業を対象とした M&A で、取引コストの削減や情報・技術等の獲得を目的とする。

4 MBO（マネジメント・バイアウト）は、企業買収をしようとする者が、予め買付目的、買付株数、買付期間等を公告し、株主から証券取引市場外で被買収企業の株式を取得することをいう。

5 LBO（レバレッジド・バイアウト）は、企業買収をしようとする者が、被買収企業の資産などを担保として借入等を行うことによって費用を調達し、企業買収を行うことをいう。

PointCheck

◉合併・買収・・【★★★】

⑴合併・買収（M&A：Mergers and Acquisitions）

　M&A とは、合併・買収のことをいう。

⑵合併・買収の類型

①水平型M&A （水平的統合によるM&A）	自社の事業と同様の事業を営む企業との M&A。 事業拡大による競争優位構築が、主な目的である。
②垂直型M&A （垂直的統合によるM&A）	自社の川上や川下にあたる業界の企業との M&A。 自社の川上や川下の事業の付加価値を取り込むことが、主な目的である。
③多角化型M&A	自社の既存事業とは多角化の関係にあたる M&A。 新規事業参入が、主な目的である。
④コングロマリット型M&A	多角化型 M&A のうち、特に収益性の高い事業に進出するもの。 収益性を高めることが、主な目的である。

⑶ M&A の目的

　①競争相手を取り込む。

　②自社の川上や川下の事業の付加価値を取り込む。

　③多角化や事業拡大に要する時間や費用を節約する。

　④自社の経営資源を有効に活用する。

⑷企業買収の方法

①レバレッジド・バイアウト （LBO：Leveraged Buy-Out）	企業を買収するにあたり、金融機関等から資金を借り、自社の資産を担保にしないで、被買収企業の資産を担保にして買収資金を調達する。
②テイク・オーバー・ビッド （TOB：Take Over Bid）	株式市場を通じて株式を取得するのではなく、買付期間、買付数、買付価格等を公告して被買収企業の株主から直接、株式を取得する。 株式公開買い付けともいわれる。
③マネジメント・バイアウト （MBO：Management Buy-Out）	現在の経営者や経営陣が自社の株を買い取って、経営権を取得する。
④グリーン・メール	敵対的買収の一種で、買収者（グリーン・メーラー）がターゲットにした企業や関連企業などに高値で買い取らせることを目的に、企業の株式を買い集める。

知識を広げる

グリーン・メールは、ドル紙幣の緑色とブラック・メール（脅迫状）を連想させたことがその名の由来であるといわれている。

A18 正解ー5

1ー誤 当該企業がそれまで手掛けていない事業を営む企業を対象としたM&Aで、新規事業分野への参入等を目的とするものは、多角化型M&Aである。
2ー誤 本肢が、水平型M&Aの説明である。
3ー誤 本肢は、多角化型M&Aではなく、垂直型M&Aの説明である。
4ー誤 本肢は、MBO（マネジメント・バイアウト）ではなく、TOB（テイク・オーバー・ビッド）の説明である。
5ー正 LBO（レバレッジド・バイアウト）に関する妥当な記述である。借り入れた買収資金を買収後の利益から返済したり、被買収企業の事業のうち自社にとって必要としない事業を売却した資金で返済したりする。

Q19 PPM

問 PPMにおけるBCGマトリックスに関する記述として、妥当なのはどれか。（地方上級）

1 「問題児」から「金のなる木」へ、「金のなる木」から「花形」へという移動の方向が、PPMにおける最善の変化である。

2 「負け犬」は、市場成長率が高くマーケット・シェアが低い事業分野であり、資金の流入は少ないが、多額の投資を必要とする。

3 「問題児」は、市場成長率とマーケット・シェアがともに低い事業分野であり、資金の流入が少なく、追加的投資の必要性もあまりない。

4 「金のなる木」は、市場成長率が低くマーケット・シェアが高い事業分野であり、追加的投資の必要性があまりないため、獲得した多額の資金を他の分野に転用できる。

5 「負け犬」に対しては、「金のなる木」又は「花形」に育成するための資金投入と資金を他の分野に転用するための撤退との選択的投資が好ましい戦略となる。

PointCheck

◉プロダクト・ポートフォリオ・マネジメント ………………………………………………【★★★】

(1)プロダクト・ポートフォリオ・マネジメントの概念

プロダクト・ポートフォリオ・マネジメント（PPM：Product Portfolio Management）は、製品や事業に関するポートフォリオ管理の手法である。

1960年代に、ボストン・コンサルティング・グループ（BCG）が開発したPPMは、複数の事業や複数の製品を持つ企業が事業・製品間の経営資源（資金）の獲得、投資を管理するための手法である。PPMにより、各事業や製品に経営資源（資金）をどのようにして効率的に配分するか、自社の事業や製品グループの組合せをどのように将来的に最適なものにするかを明らかにすることができる。

(2)プロダクト・ポートフォリオ・マトリックス

BCGが開発したPPMでは、製品や事業は、市場成長率と相対的マーケット・シェアの2つの尺度により、以下のように4つのセルに分類される。

①金のなる木

「金のなる木」は、市場成長率が低く、相対的マーケット・シェアが高いセルで、投資による資金流出に比較して、売上による資金流入が多い。製品ライフサイクルでは、成熟期にあたる。現在のマーケット・シェアを維持できる程度の投資に押さえ、「花形」や「問題児」に資金を供給をする。

②花形

「花形」は、市場成長率も相対的マーケット・シェアも高いセルで、投資による資金流出も売上による資金流入も多い。製品ライフサイクルでは、成長期にあたる。「花形」は、マーケット・シェアを維持したまま市場成長率が鈍化した場合、「金のなる木」に移行する。

将来の「金のなる木」として育成するため、投資をし続けて競争優位を維持する。

③問題児

　「問題児」は、市場成長率が高く、相対的マーケット・シェアが低いセルで、投資による資金流出に比較して、売上による資金流入が少ない。製品ライフサイクルでは、導入期か成長期にあたる。追加的な投資をして「花形」に育て上げるか、あきらめて投資を少なくしていく。

④負け犬

　「負け犬」は、市場成長率も相対的マーケット・シェアも低いセルで、投資による資金流出も売上による資金流入も少ない。製品ライフサイクルでは、衰退期にあたる。投資をせず撤退する。

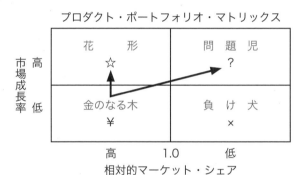

プロダクト・ポートフォリオ・マトリックス

A19 正解─4

1─誤　「問題児」から「花形」へ、「花形」から「金のなる木」へという移動の方向が、PPMにおける最善の変化である。

2─誤　本肢は、「負け犬」ではなく、「問題児」の説明である。

3─誤　本肢は、「問題児」ではなく、「負け犬」の説明である。

4─正　「金のなる木」に関する妥当な記述である。PPMの意義は、ROI（投下資本利益率）の観点からは切り捨てられる「問題児」に、「金のなる木」から得られた資金を投入し、将来の「金のなる木」を育成するという点を理論化したことにある。

5─誤　育成のための資金投入と他分野への資金転用のための撤退との選択的投資が好ましいのは、「負け犬」ではなく「問題児」に対する戦略である。

Q20 ポーターの競争戦略

問 ポーターの競争戦略に関するA～Dの記述のうち、妥当なものを選んだ組合せはどれか。 (地方上級)

A 業界の競争状態は、既存企業の間での敵対関係、潜在的な競争企業の参入の脅威、売り手の交渉力、買い手の交渉力及び政府の規制の5つの要因によって規定される。

B コスト・リーダーシップ戦略は、同一の製品やサービスを競争企業よりも低コストで生産・販売する戦略で、規模の経済性や経験効果の発揮を通して、より大きな利益の獲得やマーケットシェアの拡大が可能になる。

C 差別化戦略は、企業が現在供給しているものとは異なる新たな製品、サービスをもって新たな市場に進出する戦略で、メリットとして、未利用資源の活用、シナジー効果の発生及びリスクの分散による競争上の優位性がある。

D 集中化戦略は、業界全体ではなく、市場を細分化し、特定のセグメントに絞り込んで、その市場でコスト面、差別化の面で優位に立とうとする戦略である。

1 A、B **2** A、C **3** A、D **4** B、C **5** B、D

PointCheck

◉ M.E. ポーターの競争戦略 ……………………………………………………………【★★★】

(1)業界の競争環境を規定する5つの競争要因（ファイブ・フォース・モデル：5 Forces）

M.E. ポーターは、業界の競争状態は、①競争業者間での敵対関係の程度、②新規参入の脅威、③売り手の交渉力、④買い手の交渉力、⑤代替製品・サービスの脅威の5つの要因によって規定されると主張した。

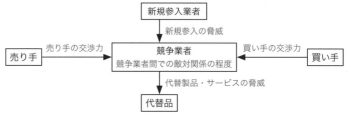

(2)基本的な競争戦略

M.E. ポーターは、競争優位の源泉として、低コストと差別化を挙げ、戦略対象の幅を勘案し、次の3つの競争戦略のタイプを示した。

①低原価戦略

　低原価戦略（コスト・リーダーシップ戦略）とは、他社よりも低い製造コストを実現し、低価格により競争優位をもたらそうとする戦略のことをいう。

②差別化戦略

　差別化戦略とは、自社独自の製品やサービスによって、独特の品質・機能やブランドイメージにより競争優位をもたらそうとする戦略のことをいう。

③焦点絞り込み戦略

　焦点絞り込み戦略（集中戦略）とは、特定の製品・市場セグメントに集中することにより、他社よりもその分野で競争優位をもたらそうとする戦略のことをいう。

④スタック・イン・ザ・ミドル

　M.E. ポーターは低コストと差別化の基本戦略はトレード・オフの関係にあり、複数の戦略を同時に追求すると中途半端な状況になり、逆に収益性の低下を招くとした（スタック・イン・ザ・ミドル）。コストの低減は製品の差別化を犠牲にし、差別化の追求は高コストとなるという考え方である。

A 20 　正解ー5

A－誤　M.E. ポーターによると、政府の規制は5つの要因にはなく、代替製品・サービスの脅威が要因の1つとされる。

B－正　コスト・リーダーシップ戦略に関する妥当な記述である。なお、コスト・リーダーシップ戦略は、低原価戦略とも呼ばれる。

C－誤　本肢のような戦略は、差別化戦略ではなく、多角化戦略である（Q16参照）。多角化戦略のメリットとして、未利用資源の活用があり、関連型多角化であればシナジー効果の発生が、無関連型多角化であればリスクの分散による競争上の優位性がある。

D－正　集中化戦略についての妥当な記述である。なお、集中戦略は、焦点絞り込み戦略とも呼ばれる。

Q21 競争地位別の戦略

競争地位別の戦略に関する記述として、妥当なのはどれか。　　　　（地方上級）

1　競争地位は、市場におけるシェアの大きさや経営資源の質及び量による企業の分類であるが、企業は、競争優位を獲得するため、自社の経営資源よりも競合他社の競争地位を考慮して、競争戦略を選択する必要があるとされる。

2　リーダーは、業界での市場のシェアが第1位の企業であり、現在の市場の地位を維持することを目標として、常に市場の規模を拡大させるために低価格戦略をとるとされる。

3　チャレンジャーは、経営資源が質的にも量的にもリーダー企業に劣っている企業であるが、リーダー企業の市場のシェアを奪うことを目標として、上位企業の模倣による低価格戦略をとるとされる。

4　フォロワーは、業界での市場のシェアが第2位以下の企業であり、リーダー企業に対抗した市場のシェアの拡大を目標として、常にリーダー企業が追随できない差別化戦略をとるとされる。

5　ニッチャーは、経営資源がリーダー企業に対して質的には優れているが量的には劣っている企業であり、特定市場でのミニ・リーダーになることを目標として、特定市場に経営資源を集中させる戦略をとるとされる。

PointCheck

◉ P. コトラーの競争地位別の戦略 ……………………………………………【★★☆】
⑴市場地位と戦略
　P. コトラーは、『マーケティング・マネジメント』において、市場地位によって採用すべき競争戦略を変えていく必要性を主張した。
⑵競争地位別の戦略
　P. コトラーは、市場における地位と採用する戦略により、企業を以下の4つに分類した。
①リーダー
　リーダーとは、マーケット・シェアがトップの企業のことをいう。リーダーは、マーケット・シェアを維持し拡大するために、あらゆる戦略を採用する。
②チャレンジャー
　チャレンジャーとは、マーケット・シェアがリーダーに次ぐ大きさを持つ企業のことをいい、リーダーを追い越そうとしている企業のことをいう。チャレンジャーは、リーダーとなるために、チャレンジャーは、製品、価格、流通、広告などの点でリーダーと異なる戦略を採用する。
③フォロワー
　フォロワーとは、マーケット・シェアがリーダーを下回る企業のことをいい、基本的には現状で満足し、リスクを負ってまでリーダーの座を狙おうとしない企業のことをいう。

フォロワーは、上位企業の模倣を行う戦略を採用する。

④ニッチャー

　ニッチャーとは、ニッチ（隙間）市場、競争相手がいないか、ごく少数の小さな市場を狙っていく企業のことをいう。ニッチャーは、特定市場に経営資源を集中させる戦略を採用する。

〈想定された市場の構造〉

リーダー 40%	チャレンジャー 30%	フォロワー 20%	ニッチャー 10%

（数値は、マーケット・シェアの例）

知識を広げる

市場細分化の４つのパラメーター（セグメンテーション変数）

　限られた資源を効率的に投下するために、市場の顧客を同じニーズや特性を持つ部分市場に分割するマーケティング戦略がとられる（セグメンテーション）。市場の顧客が消費者である消費財マーケティングでは、①地理的変数（ジオグラフィック、地域や人口密度）、②人口動態変数（デモグラフィック、年齢・性別・世帯）、③心理的変数（サイコグラフィック、価値観・社会階層）、④行動変数（ビヘイビア、購買状況・使用頻度）の４つがある。

A21 　正解－5

1－誤　P.コトラーによると、企業は、競争優位を獲得するためには、自社の経営資源と競争地位を考慮して、競争戦略を選択する必要があるとした。

2－誤　リーダーは、つねに低価格戦略をとるわけではなく、あらゆる戦略を選択する可能性がある。

3－誤　チャレンジャーは、上位企業の模倣による低価格戦略をとるのではなく、一般に、製品、価格、流通、広告などの点でリーダーと差別化した、異なる戦略をとり、リーダーに追いつき追い越そうとする。

4－誤　肢3の解説のように、差別化戦略をとるのは、フォロワーではなく、チャレンジャーの説明である。フォロワーは、現状のシェアで満足しており、上位企業を模倣する戦略がとられる。

5－正　ニッチャーに関する妥当な記述である。ニッチャーは特定市場に経営資源を集中させる戦略をとる。

Q22 企業の集中・結合

問 企業の集中又は結合に関する記述として、妥当なのはどれか。 (地方上級)

1 欧州において企業の集中や結合が行われた当初の目的は、複数の企業が連携して経営の合理化を図ることであり、現在と異なり、競争の制限を含まなかったとされている。

2 カルテルは、企業合同ともよばれ、主にドイツにおいて成立した企業集中の形態であり、カルテルに参加する企業が独立性を失うもので、わが国では、独占禁止法によりすべてのカルテルが禁止されている。

3 トラストは、企業連合ともよばれ、主にアメリカにおいて発達した企業集中の形態であり、トラストに参加する企業が独立性を維持しながら、協定により価格や生産量を制限するものである。

4 コンツェルンは、企業連携ともよばれ、同種又は異種の産業部門における複数の企業が株式の所有などによって結合する形態であるが、コンツェルンを構成する企業は、法律的には相互に独立性を維持している。

5 わが国では、第二次世界大戦前には銀行を中核とした相互に株式を持ち合う企業グループが存在したが、独占禁止法による持株会社の禁止やバブル経済崩壊後の銀行の再編により、現在では株式の相互の持ち合いは解消されている。

PointCheck

●企業集中・企業結合………………………………………………………………………【★★☆】

(1)カルテル

カルテル（企業連合）とは、同一産業の企業の間で、商品の生産量や価格に関して協定を結ぶことにより、市場における独占力を維持するものをいう。カルテルは独占禁止法上は例外なく禁止されているが、個別法に基づく適用除外カルテルも存在する。

(2)トラスト

トラスト（企業合同）とは、同一産業における複数の企業が、競争を排除して市場を独占するために、資本的に結合して一つの企業を形成するものをいう。カルテルよりも結合の程度は高い。

(3) コンツェルン

コンツェルン（企業連携）とは、異なった産業における複数の企業を、金融機関や持株会社が株式の所有や人的結合等により統括する企業集団のことをいう。コンツェルンを構成する各企業は法律的には相互に独立性を維持しているが、カルテルやトラストよりも結合の程度や支配力が強力である。

(4)コングロマリット

コングロマリットとは、複数の産業に属する収益性の高い企業を買収することにより、多角化を行っている企業のことをいう。アメリカでは、中小企業が自社より規模の大きい企業

を買収し、コングロマリットとして巨大企業に成長した例がみられる。

(5)コンビナート

コンビナートとは、互いに関連のある企業が、原材料・燃料・製品などを利用し合い、生産効率性を向上させるために形成した大工場群のことをいう。

●協働関係‥‥‥‥‥‥‥‥‥‥‥‥‥‥‥‥‥‥‥‥‥‥‥‥‥‥‥‥‥‥‥‥‥・【★★☆】

(1)企業提携

企業提携（アライアンス）とは、複数の企業間におけるさまざまな連携や協同した行動のことをいう。

(2)系列

系列とは、継続的で良好な取引関係を維持するために築かれた企業間の堅密な関係のことをいう。

(3)合弁事業

合弁事業（ジョイント・ベンチャー）とは、複数の企業が出資し合い、新たな会社を設立して共同して事業を行うことをいう。

(4) OEM 生産

OEM 生産とは、相手先ブランドによる生産のことをいう。

A22 正解－4

1－誤　企業の集中や結合が行われた目的には、当初から、競争の制限も含まれていた。

2－誤　カルテルは企業連合と呼ばれ、価格や生産量を制限する協定を結ぶものなので、参加する企業が独立性を失うものではない。企業合同とはトラストを指すものである。

3－誤　協定により価格や生産量を制限するのは、トラストではなくカルテルである。

4－正　コンツェルンに関する妥当な記述である。コンツェルンを構成する各企業は法律的には相互に独立性を維持しているが、カルテルやトラストよりも結合の程度が強力なものである。

5－誤　相互に株式を持ち合う企業グループは、第二次世界大戦前ではなく、第二次世界大戦後に発展した。純粋持株会社は、第二次世界大戦後、独占禁止法により禁止されていたが、平成9年に解禁された。現在では株式の相互の持ち合いは、1960年代後半に比べていくぶん減少傾向にはあるが、まったく解消されているわけではない。

Q23 企業の戦略

問　企業の戦略に関する次の記述のうち、妥当なのはどれか。　　　　　（国家一般）

1　デファクト・スタンダードとは、競争の結果、勝ち残った事実上の標準である。企業が
自社製品をデファクト・スタンダードにするためには、その規格を非公開にして他社の模
倣・利用を防がなければならない。また、JIS や ISO のように標準化機関が定めた規格を
デファインド・スタンダードという。

2　企業間の競争の末に、一つの製品の支配的デザインが成立すると、企業はそのデザイン
の製品をできるだけ安く生産することに力を傾注する。その結果として生産性が向上する
が、一方では大幅な革新が生まれにくくなる。これが W.J. アバナシーのいう生産性のジ
レンマである。

3　市場に投入された新製品は、導入期、成長期、成熟期、衰退期というライフサイクルを
たどるのが典型的である。導入期には売上げの絶対額は少ないが、購入するのはイノベー
ターやマニア層であり、高級品が売れるので最も利益が上がる。成長期以降は徐々に大衆
向け製品の割合が高くなる。

4　M.E. ポーターは、他企業に対する競争優位を獲得するための三つの基本戦略として、
コスト・リーダーシップ戦略、差別化戦略、シナジー戦略を挙げた。シナジー戦略とは、
複数の事業を組み合わせて相乗効果をねらうもので、垂直的シナジーと水平的シナジーが
ある。

5　企業は自社の製品ラインのすべてを内製しているとは限らず、OEM（相手先ブランド
製造）によって他社から調達することもある。受入れ企業は製品ラインが充実するという
メリットがあるが、供給するのは競合する自社ブランドを持たない OEM 専業メーカーに
限られる。

PointCheck

◉企業の革新‥‥‥‥‥‥‥‥‥‥‥‥‥‥‥‥‥‥‥‥‥‥‥‥‥‥‥‥‥‥‥‥‥‥‥‥‥‥【★★☆】
⑴J.A. シュンペーターによる革新
　J.A. シュンペーターは、革新（イノベーション）を、企業が市場、技術、経営資源などの
新結合によって創造的破壊を行うことと定義した。
⑵W.J. アバナシーによる技術革新の４段階
　①プロダクト・イノベーション（製品革新）
　　プロダクト・イノベーションとは、製品に関する革新のことをいう。アバナシーの技術
革新モデルによると、製品革新は、製品が発明されてからその製品の標準的かつ優勢な仕
様（ドミナント・デザイン）が決まるまでに主にみられる。製品ライフサイクル上では導
入期と成長期の前期のものである。

②プロセス・イノベーション（工程革新）

　プロセス・イノベーションとは、工程に関する革新のことをいう。アバナシーの技術革新モデルによると、工程革新は、ドミナント・デザイン決定後に主にみられる。製品ライフサイクル上では成長期の後期と成熟期の前期のものである。

③インクリメンタル・イノベーション（積み重ね革新）

　インクリメンタル・イノベーションとは、製品や生産工程における積み重ねられ進歩していく小さな革新のことをいう。プロセス・イノベーションの後にみられ、製品ライフサイクル上では成熟期の後期のものである。

④脱成熟

　脱成熟とは、製品を成熟期から再び成長期に戻す革新のことをいい、アバナシーの技術革新モデルによると、主にインクリメンタル・イノベーションの後にみられる。

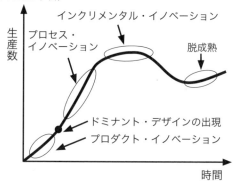

(3) W.J. アバナシーの生産性のジレンマ

　生産性のジレンマとは、時間の経過に従って、革新の影響度が製品、生産工程、積み重ねというように小さい対象が中心になることをいう。

A23　正解－2

1 －誤　自社製品をデファクト・スタンダードにするためには、その規格を非公開にして他社の模倣・利用を防ぐのではなく、自社の規格を公開して他社の模倣・利用を促進することが必要となる。また、JISやISOのように標準化機関が定めた規格は、デジュール・スタンダードである。

2 －正　W.J. アバナシーのいう生産性のジレンマに関する妥当な記述である。なお、支配的デザインは、ドミナント・デザインとも呼ばれる。

3 －誤　導入期には売上の絶対額が少ないため、利益は少ない。利益が大きく上がるのは成長期である。

4 －誤　M.E. ポーターは、競争優位を獲得する戦略として、低原価戦略、差別化戦略、焦点絞り込み戦略を挙げている。シナジー戦略ではない（**Q20** 参照）。

5 －誤　OEM 製品の供給元企業は、競合する自社ブランドを持たないOEM専業メーカーに限られるというわけではない。営業・生産コスト低減のため、競合他社ブランドへのOEM供給も行われている。

Q24 企業の経営戦略

問 企業の戦略に関する次の記述のうち、妥当なのはどれか。 （国家一般）

1 P. コトラーは、市場で競争するプレーヤーとしての企業を、リーダー、チャレンジャー、ニッチャー、フォロアーの四つに分類した。そのうち、ニッチャーは、高い流通支配力とブランド力を生かして市場占有率を更に高めていこうとする戦略を採る。

2 企業ドメインとは、企業の生存領域などを指す概念であり、その広がりは空間の広がり、時間の広がり及び意味の広がりの三つの次元で表現される。幅広い領域で活動し、かつ、その領域の発展性が高い場合、その企業の成長ポテンシャルは大きいとされる。

3 H.I. アンゾフは、「技術志向か市場志向か」及び「成長市場に出るか成熟市場に出るか」という二つの次元から、企業の成長戦略を四つに分類した。そのうち、技術志向で成長市場に出ていく戦略は市場開発戦略と名付けられた。

4 19世紀のアメリカ鉄道産業と20世紀初頭のアメリカ自動車産業の歴史を研究したA.D. チャンドラーは、企業が組織構造を変更した数年後に主要な戦略変更が起こるという法則を見いだし、「戦略は組織に従う」と表現した。

5 製品ライフサイクルは、導入期、成長期、成熟期、衰退期の四つの段階に分けられる。時間を横軸に、売上高を縦軸にとって両者の関係をグラフで表すと、その曲線は左右対称の正規分布に従った「釣り鐘カーブ」を示す。

PointCheck

●経営戦略の概念··【★★★】

(1)経営戦略の定義

経営戦略とは、企業を取り巻く環境と企業の適合に関する将来的指針のことをいう。

(2)経営戦略の内容

①事業領域の決定（ドメインの決定）、②資源展開の決定（資源配分）、③競争戦略の決定（競争優位）、④組織間関係の決定（外部組織との関係）

(3)経営戦略のサブ・システム

経営戦略には、以下の3つのサブ・システムがある。

①企業戦略

企業戦略とは、企業全体を対象にした戦略をいう。例としては、新規事業開拓、撤退、企業買収や合併、提携、組織構造の変革などが挙げられる。

②事業別戦略（競争戦略）

事業別戦略（競争戦略）とは、個々の事業を対象にした戦略をいう。

③機能別戦略

機能別戦略とは、企業内の各機能（各職能）を対象とした戦略をいう。例としては、生産戦略、R&D戦略、マーケティング戦略、人事戦略、財務戦略などが挙げられる。

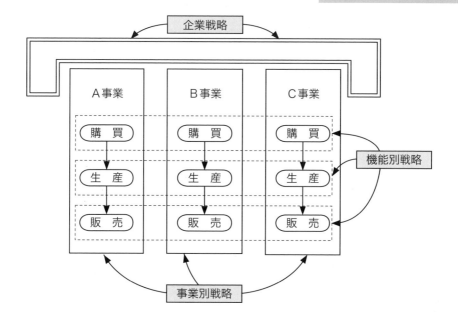

A24 正解－2

1－誤　高い流通支配力とブランド力を生かした戦略をとるのは、ニッチャーではなく、リーダーである。ニッチャーは、高い技術開発力や流通網を生かして大企業が参入しないニッチ市場において地位を確立させる戦略をとる（**Q21** 参照）。

2－正　ドメインに関する妥当な記述である。ドメインとは、企業の事業領域のことである。

3－誤　H.I. アンゾフは、「製品が現有製品か新製品か」及び「現行市場に出るか新市場に出るか」という視点から、企業の成長戦略を 4 つに分類した（**Q16** 参照）。

4－誤　A.D. チャンドラーは、19 世紀末から 20 世紀初めのアメリカ企業を実証分析し、企業が多角化戦略を導入するにしたがって、職能別部門組織から事業部制組織へ移行してきた事実を発見し、「組織構造は戦略に従う」という命題を導いた（**Q15** 参照）。

5－誤　製品ライフサイクルについて、時間を横軸に、売上高を縦軸にとって両者の関係をグラフで表すと、その曲線は左右対称の正規分布に従った「釣り鐘カーブ」ではなく、「右上がりの緩やかな S 字カーブに似た曲線」を示す（**Q23**、**Q27** 参照）。

Q25 経営戦略

問 経営戦略に関する次の記述のうち、妥当なのはどれか。 (国家一般)

1 プロダクト・ポートフォリオ・マネジメントでは、市場成長率と製品ライフサイクルの二つの軸によって事業が分類され、各類型に対して適合的な戦略タイプがあるとされる。例えば「金のなる木」事業は市場成長率が既に低下しておりこれ以上の投資は無駄なので、戦略タイプとしては「投資回収・撤退」を適用することが望ましいとされる。

2 ポーターのファイブ・フォース・モデルによれば、新規参入業者の脅威という要因は、参入障壁の大きさを表している。例えば、規模の経済性が働く装置産業では、投資によって大量生産を行いさえすればコスト優位を築くことができるので、参入障壁は小さいことになるから、装置産業の業界魅力度は大きいことになる。

3 先発の優位とは、他社よりも早期に投資を行うことで得られる正の超過利潤のことである。先発企業は後発企業に先駆けて投資を行いその市場に参入するので、市場及び技術の不確実性が小さいとされる。不確実性の低さは、その市場における消費者の選好の多様性が低いことを意味するので、先発企業は多くの利潤を獲得することが可能となる。

4 コスト・リーダーシップ戦略とは、規模の経済性や経験曲線効果を活用することで、競合他社よりも低コストでの生産を目指す戦略である。しかし、低コストだけで優位性を獲得することは難しく、顧客にとって価値の高い製品・サービスを提供する差別化戦略も同時に追求する必要があり、これに成功した場合をスタック・イン・ザ・ミドルという。

5 ニッチとは市場のすき間という意味で、一般に市場規模が小さく、大企業は進出しようとしないような市場セグメントのことである。ニッチ戦略とは、市場規模が小さくても、その市場内で高い市場シェアを確保してミニ・リーダーとなることのできるニッチに経営資源を集中し、持続的な競争優位を確立し、高い利益率を維持することを目指す戦略である。

PointCheck

●先発の優位……………………………………………………………………………………【★☆☆】

先発の優位とは、最初に新しい市場に参入することにより得られる優位性のことをいう。これには、以下のようなメリット、デメリットがある。

〈メリット〉

・後発の企業が参入してくるまで、利益を独占することができる。

・新しいもの好きで、価格にあまり敏感でない、イノベーターを最初に取り込むことができるため、投下資本利益率の高い市場を獲得することができる。

・最初に市場に参入することにより、多くのノウハウを蓄積することができ、経験効果によりコスト優位を築くことができる。

・最初に市場に参入することにより、その製品カテゴリーの代名詞として消費者に認識されるため、後発の企業に対して心理的な参入障壁を形成することができる。

問題でPoint を理解する
Level 2 Q25

第1章

第2章

第3章

第4章

第5章

〈デメリット〉

・市場や技術の不確実性が高く、失敗する可能性がある。

・消費者に新製品を認知してもらうため、多額な宣伝広告費が必要である。

・後発の企業に容易に模倣されない新製品を作る技術力が必要である。

・後発の企業が模倣品を市場導入するのに要する時間とコストは、先発の企業よりも優位である（後発の優位）ので、高い参入障壁を形成する必要がある。

●低原価戦略と差別化戦略　理解を深める …………………………………【★☆☆】

　コスト優位と差別化優位はトレード・オフの関係にあるので、低原価戦略と差別化戦略の両方を同時に追求することは一般には難しい。低原価戦略と差別化戦略の両方を同時に追求し、失敗するケースを、スタック・イン・ザ・ミドル（Stuck in the Middle）という。しかし、M.E. ポーターは、技術進歩の激しい先端技術産業においては、この両方を同時に追求することが可能となる場合があると指摘した。

> **Level up Point!**
> 　経営戦略に関する内容は、重要度が高い項目が多い。しかも頻出分野である。ある1つの項目について5つの選択肢がすべてその項目の内容を問うという出題形式だけではなく、本問のように、5つの選択肢がそれぞれ重要な項目の1つひとつである総合的な出題形式にも慣れておく必要がある。

A25 正解ー5

1－誤　プロダクト・ポートフォリオ・マネジメントでは、市場成長率と製品ライフサイクルではなく、市場成長率と相対的マーケット・シェアの2つの軸によって事業が分類される。「金のなる木」事業は資金流出に比べて資金流入が大きいので、戦略タイプとしては、現在のマーケット・シェアを維持できる程度の投資に抑え、「花形」事業や「問題児」事業に資金を供給することが望ましいとされる（**Q19**、**Q27** 参照）。

2－誤　規模の経済性が働く装置産業では、巨額の初期投資額が必要となるので、参入障壁は大きくなる。よって、ポーターのファイブ・フォース・モデルによれば、新規参入企業の脅威は小さいものとなる（**Q20** 参照）。

3－誤　先発企業は後発企業に先駆けて投資を行いその市場に参入するので、市場及び技術の不確実性が大きいとされる。

4－誤　スタック・イン・ザ・ミドルとは、低コストと差別化を同時に追求して成功したケースをいうのではなく、失敗したケースをいう。

5－正　ニッチ戦略に関する妥当な記述である（**Q20**、**Q21** 参照）。

Q26 合併と買収（M&A）

問 最近の企業活動に関する次の記述のうち、妥当なのはどれか。 （国税専門官）

1 M&A（合併と買収）は、垂直的統合によるM&Aと水平的統合によるM&Aに分類できる。垂直的統合によるM&Aとは、同じ事業を営む企業同士が統合し、規模の経済性の追求を目的として行うものをいう。

2 M&A（合併と買収）は、友好的M&Aと敵対的M&Aに分類できる。この分類は、M&Aを仕掛けられた企業のそのM&Aに対する合意の有無ではなく、M&Aを仕掛けられた企業の事業がそのM&Aにより阻害され、株主等が損害を被るか否かを基準として判断される。

3 株主の短期的な視点にとらわれることなく、長期的な視点で事業を実施するためなどの目的により、上場企業の経営陣が金融機関等と協力して自社を買収し非上場化するなどのマネジメント・バイアウト（MBO）の事例が、我が国においてもいくつか見られている。

4 企業買収に対抗するテクニックとして、様々な手法が開発されている。その一例として、買収を仕掛けられた企業が、買収を仕掛ける企業に対して、逆に買収を仕掛ける手法があり、これはホワイト・ナイトと呼ばれている。

5 現行の会社法では、企業合併時の対価として、金銭、存続会社の株式等の交付が認められている。しかし、存続会社の親会社の株式については、これを対価として認めた場合に外国企業による在日子会社を利用した我が国の企業の合併が盛んに行われることなどが予想されたため、企業合併時の対価として認められていない。

PointCheck

◉合併・買収‥‥‥‥‥‥‥‥‥‥‥‥‥‥‥‥‥‥‥‥‥‥‥‥‥‥‥‥‥‥‥‥【★★☆】

(1)合併・買収（M＆A）の分類

合併・買収は、M&Aを仕掛けられた企業のそのM&Aに対する合意の有無を基準として、以下のように分類される（M&A類型についてQ18参照）。

①友好的M&A	M&Aを仕掛けられた企業の合意のもとで行われるM&A
②敵対的M&A	M&Aを仕掛けられた企業の合意のないまま行われるM&A

(2) 買収防衛策

①ポイズン・ピル（毒薬条項）	既存株主にあらかじめ、市場価格より安く株式を引き受けられるという条件の新株予約権を発行して、敵対的M&Aが行われそうな際に、新株予約権を実行して株数を増加させ、買収者の議決権割合と所有株の価値を下げ、買収にかかる総費用を増加させる。

②ゴールデン・パラシュート	買収後に、現在の取締役が解任される際に、通常の退職時よりも膨大な退職金を支払う契約を事前に設定しておき、買収後の出費を多くさせることにより、買収を思いとどまらせる。
③焦土作戦	会社の持っているクラウン・ジュエル（財産的価値の高い物）を関連会社に売却することなどにより、会社の価値を大幅に低下させて買収メリットをなくす。
④ホワイト・ナイト（White knight）	敵対的買収を仕掛けられた企業を、買収者に対抗して、友好的に買収または合併する会社のこと。敵対的買収者を排除するため、ホワイト・ナイトに有利な条件で株式公開買い付け（TOB）を行ってもらう。
⑤パックマン・ディフェンス	買収を仕掛けられた企業が、買収を仕掛ける企業に対して、逆に買収を仕掛ける。
⑥非公開化	MBO や LBO 等を行い非公開化することによって、買収を防衛する。

Level up Point! 近年、日本においても M&A の実施が活発化しつつある。企業買収の方法、買収防衛策について、より細かな知識が試されることになる。

A26 正解ー3

1－誤　同じ事業を営む企業同士が統合し、規模の経済性の追求を目的として行うものは、垂直的統合による M&A ではなく、水平的統合による M&A である（**Q18**参照）。

2－誤　友好的 M&A と敵対的 M&A の分類は、M&A を仕掛けられた企業のその M&A に対する合意の有無を基準として判断される。

3－正　マネジメント・バイアウト（MBO）に関する妥当な記述である（**Q18**参照）。

4－誤　逆に買収を仕掛ける手法は、パックマン・ディフェンスである。

5－誤　現行の会社法では、企業合併時の対価として、金銭、存続会社の株式等の交付が認められている（株式交換）。合併時の対価として親会社の株式を交付するものは、「三角合併」と呼ばれており、これを対価として認めた場合に外国企業による在日子会社を利用したわが国の企業の合併が盛んに行われることなどが予想されたため、平成 18 年 5 月の会社法施行時には、企業合併時の対価として認められなかった。しかし、会社法施行から 1 年後に、合併時の対価として存続会社の親会社の株式を交付することが認められている。

Q27 PPM

問 下の表は市場シェアと市場成長率によって「問題児」、「花形製品」、「金のなる木」、「負け犬」に分類した、いわゆるBCGポートフォリオマトリックスである。このような分類に関する次の記述のうち、妥当なのはどれか。 (国家一般)

1 この分類の背景には、事業（製品）は誕生から成長を経て成熟、衰退に向かうというプロダクトサイクルの理論がある。このような考え方からすると、「金のなる木」の成長率を更に高めるためにこの事業に投資を行うことは有効な投資策となる。

2 この分類の背景には、生産量が増大するにつれて当初は規模の経済が働くが、累積生産量が一定量を超えると逆に平均費用は上昇していくとする考え方がある。したがって、「金のなる木」に新たな投資をすることは、たとえシェアを高めることができても平均費用も上昇する可能性が高いので有効な投資策とはいえない。

3 この分類では市場成長率が高い製品は競争が激しく追加投資の必要性が高いと考えられている。したがって、「花形製品」は優位な競争ポジションを確保しているが、この製品で高い利益を生み出すことは困難である。

4 この分類では市場成長率が低い製品は競争は激しくないので追加投資の必要性は低いと考えられている。したがって、「負け犬」は市場シェアは低いものの、投資の必要性も低いので、事業を継続していくべきである。

5 この分類では、一つの事業は「問題児」→「花形製品」→「金のなる木」→「負け犬」というサイクルを持つという前提を置いている。したがって、成長期にある「問題児」や「花形製品」には投資をすべきであるが、衰退期にある「金のなる木」や「負け犬」への投資は得策ではない。

PointCheck

◉プロダクト・ポートフォリオ・マネジメント‥‥‥‥‥‥‥‥‥‥‥‥‥‥‥‥【★★★】
　PPMには、以下の2つの前提が置かれている。

(1)製品ライフサイクル

製品ライフサイクル（PLC：Product Life Cycle）とは、製品が誕生して消滅するまでを製品の一生として考えて、その間の売上高を示したもので、一般に、導入期、成長期、成熟期、衰退期に分類される。BCG ポートフォリオマトリックスでは、製品ライフサイクルの指標として、縦軸に市場成長率をとる。

(2)経験曲線

経験曲線とは、生産量が増加して、経営経験が蓄積されるにしたがって生産コストが低減するという習熟効果に関する経験則のことをいう。BCG ポートフォリオマトリックスでは、累積生産量の指標として、横軸に相対的マーケット・シェアをとる。

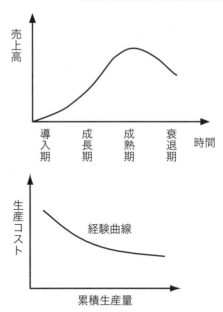

Level up Point!　プロダクト・ポートフォリオ・マネジメントについては、重要な項目であるので、理論の前提となるものについてまで詳細な知識が試されることになる。

A27　正解ー3

1ー誤　PPM の理論によると、「金のなる木」から得られた資金を、将来の「花形」や「金のなる木」に育成するために将来性のある「問題児」に投入することが有効な投資策となる（**Q19** 参照）。

2ー誤　BCG ポートフォリオ・マトリックスの分類の背景には、累積生産量が増大するにしたがってコストが低減するという経験曲線の考え方がある。

3ー正　花形製品に関する妥当な記述である。BCG ポートフォリオ・マトリックスの分類では市場成長率が高い製品は競争が激しく追加投資の必要性が高く、資金流出が大きいと考えられており、市場シェアが高い製品は資金流入が大きいと考えられている。したがって、「花形製品」は資金流出も資金流入もともに大きいため、この製品で高い利益を生み出すことは困難である。

4ー誤　「負け犬」は市場シェアが低く資金流入が小さく、市場成長率が低く資金流出も小さいので、この事業を継続せず、撤退していくべきであるとされる（**Q19** 参照）。

5ー誤　BCG ポートフォリオ・マトリックスの分類では、製品は、導入期→成長期→成熟期→衰退期という製品ライフサイクルを持つという前提を置いている。

Q28 企業の戦略

問　企業の戦略に関する次の記述のうち、妥当なのはどれか。 （国家一般）

1　競争優位をもたらす資源の分析枠組みである VRIO モデルでは、資源の価値、希少性、模倣困難性、組織の四つの要素が判断基準となっている。企業が模倣困難性を備える資源を保有することで一時的な競争優位が獲得され、模倣困難性に加えて価値又は希少性のいずれかを備える資源を保有することで持続的競争優位が獲得される。

2　価格戦略の重要な要因である価格弾力性は「価格の変化率÷需要の変化率」の絶対値として定義される。自社製品に代替財が存在すると価格弾力性は高くなるので、製造コストと期待する利益水準に基づくコスト・ベース・プライシングが妥当となり、代替財が存在しないと価格弾力性は低くなるので、競合製品との比較に基づくマーケット・ベース・プライシングが妥当となる。

3　規格競争におけるデファクト・スタンダードの獲得、維持には、顧客が他の規格に乗り換える際に発生するスイッチング・コストが重要となる。スイッチング・コストの代表的な構成要素には、買い直しのための金銭的コスト、使用方法を習得し直す手間、人間関係やイメージに対する心理的コスト、情報収集コスト、乗り換えたときに満足できるかどうかのリスクなどがある。

4　経営戦略は組織階層のレベルに応じて三つに大別され、戦略自体も階層構造をなしている。まず、企業全体に関わる戦略である競争戦略には事業ドメインの定義と事業部間の資源配分が含まれ、部門間調整の機能を持つ。次に、競争戦略に応じて人事戦略や財務戦略などの事業戦略が策定されるが、事業戦略を実際の資源運用計画として事業部内の諸機能のレベルにブレークダウンしたものが機能別戦略である。

5　企業が新たな資源や能力を獲得する手段を戦略的提携といい、内部開発と外部からの獲得の二つの方法がある。内部開発には、共同投資によって独立法人を設立して協働するジョイント・ベンチャーがあり、外部からの獲得には、開発、製造、販売といった共同事業のための独立した組織を設置する業務提携と、共同事業のための組織を設置した上で株式を持ち合う業務・資本提携とがある。

PointCheck

● VRIO 分析 ……【★★★】

経営戦略を立案する際に、外部環境ではなく内部資源の有効活用を目指すためのフレームワーク（J.B. バーニー）。Value（価値）、Rareness（希少性）、Imitability（模倣可能性）、Organization（組織）の４要素から、企業が競争優位性を保つために、経営資源とその活用能力（ケイパビリティ）を開発しようとするものである（資源アプローチ）。

第1章
第2章
第3章
第4章
第5章

● M.E. ポーターの競争戦略 　**繰り返し確認** ……………………………【★★★】
⑴**業界の競争環境を規定する5つの競争要因（ファイブ・フォース・モデル：5 Forces）**
　業界の競争状態は、①競争業者間での敵対関係の程度、②新規参入の脅威、③売り手の交渉力、④買い手の交渉力、⑤代替製品・サービスの脅威の要因によって規定される。
⑵**基本的な戦略**
　低コストと差別化という競争優位の源泉と、戦略対象の幅から、以下の3つの競争戦略のタイプに分類される（ポジショニング・アプローチ）。

①低原価戦略（コスト・リーダーシップ戦略）	他社よりも低い製造コストを実現し、低価格により競争優位をもたらそうとする。
②差別化戦略	自社独自の製品やサービスによって、独特の品質・機能やブランドイメージにより競争優位をもたらそうとする。
③焦点絞り込み戦略（集中戦略）	特定の製品・市場セグメントに集中することにより、他社よりもその分野で競争優位をもたらそうとする。

知識を広げる

価値連鎖
　価値連鎖（バリュー・チェーン）とは、M.E. ポーターが提唱した概念で、製品が消費者に届くまでの付加価値を生む一連のプロセスのことをいう。これは、価値創造活動とマージンからなり、価値創造活動は、主活動と支援活動に分けられる。主活動は、購買物流、製造、出荷物流、販売・マーケティング、サービスの順に構成され、支援活動は、全般管理（インフラストラクチャー）、人事・労務管理、技術開発、調達活動からなる。経営活動の過程を細かく分析し、競争優位の源泉や課題を明らかにできる。

 Level up Point!　経営戦略ではポーターの競争戦略は基本であり、これを軸にしてその他の学説・主張をまとめるのが効率的だ。初見の用語でも文脈で判断できるので、考えて読む訓練が大切となる。

A28 正解ー3

1ー誤　資源の価値が希少性を有すれば一時的な競争優位となり、さらに、資源が模倣困難性を保有することで持続的な競争優位となる。
2ー誤　代替財が存在すると価格弾力性は大きくなる傾向がある。消費者は市場で代替する財を購入するので、マーケット・ベース・プライシングが妥当する。代替財が存在しなければ、純粋にコストを基準にした価格設定が可能となる。
3ー正　他規格に乗り換えづらいことで、顧客の流出を防ぎ囲い込みが可能となる。
4ー誤　経営戦略は、①企業全体を対象とする「企業戦略」、②個々の事業を対象とする「事業別戦略（競争戦略）」、③企業内の職能を対象とした「機能別戦略」に分類される（**Q24** 参照）。
5ー誤　参加企業が共同で投資し独立組織を設置するのがジョイント・ベンチャーで、内部開発ではない。また業務提携や資本提携で組織が構築される必要はない。

第3章 マーケティング論・経営管理各論

Level 1 p64～p83　Level 2 p84～p91

1 マーケティングの概念

Level 1 ▷ Q29～Q32

(1)マーケティング ▶p64

顧客のニーズを探り、それを満たすための経営プロセスのこと。

(2)マーケティング・コンセプト ▶p66

企業がマーケティング戦略を遂行するにあたり、経営理念を具体化したもの。

①生産志向、②製品志向、③販売志向、④顧客志向、⑤社会志向

(3)マッカーシーの4P ▶p68

① Product（製品）、② Price（価格）、③ Promotion（販売促進）、④ Place（販売チャネル）

(4)価格設定の種類 ▶p70

①費用重視型、②競争重視型、③需要重視型、④製品イメージ重視型

(5)消費者の購買行動（AIDAモデル） ▶p65

消費者が購買に至るまでの意思決定プロセスを示したもの。これは、①注意（Attention）→②関心（Interest）→③欲求（Desire）→④行動（Action）の4段階を経る。

(6)ブランド ▶p65

ある売り手の製品及びサービスを識別し、競合他社のものと差別化することを意図した名称、言葉、記号、シンボル、デザイン、あるいはその組合せのこと。

①ナショナル・ブランド（NB）、②プライベート・ブランド（PB）

2 製品ライフサイクル

Level 1 ▷ Q33,Q34　Level 2 ▷ Q39,Q40

(1)製品ライフサイクル（PLC：Product Life Cycle） ▶p72

製品が誕生して消滅するまでの製品の一生のこと。これは、売上高ないしは販売数量との関係で示され、一般に、**導入期、成長期、成熟期、衰退期**に分類される。

(2)製品ライフサイクル戦略 ▶p74

企業は、自社の製品に関して、そのステージを見極め、導入期、成長期、成熟期、衰退期といった各ステージの特徴に適したマーケティング戦略を採用することが必要である。

①導入期の PLC戦略	・市場の確立、基本的な需要の喚起、製品の認知度の向上などが目標。 ・プロダクト・イノベーション（製品革新）のための研究開発戦略、開拓的な広告、製品の認知度を高めるためのプロモーション戦略など。
②成長期の PLC戦略	・製品の市場への浸透、マーケット・シェア拡大などが目標。 ・製品需要の拡大戦略、競争企業に対抗するための差別化戦略など。
③成熟期の PLC戦略	・ブランド強化、マーケット・シェア維持、買換需要喚起などが目標。 ・再商品化や新用途開発などの製品延命策、買換需要を喚起するために計画的に製品寿命を短縮させる計画的陳腐化など。

全体像をつかむ
POINT整理

第1章
第2章
第3章
第4章
第5章

④衰退期の PLC 戦略	・経費削減、撤退準備などが目標。 ・製品からできるだけ利益を刈り取る収穫戦略、需要の見込める製品に集中する焦点絞り込み戦略など。

3 生産管理

Level 1 ▷ **Q35,Q36**　Level 2 ▷ **Q41**

(1)フォード生産方式（フォード・システム）▶p76

部品や工具の標準化とベルト・コンベアによる移動組立法による少品種大量生産方式。

(2)トヨタ生産方式 ▶p76

①ジャストインタイム

すべての生産工程において後工程の要求に適合するよう、必要なものを、必要なときに、必要な量だけ供給する生産方式のこと。**カンバン方式**とは、製造の前工程と次工程との間で、部品の納入の時間、数量を記載したカンバンといわれる作業指示書をやり取りし、ジャストインタイムを実現する仕組み。

②自働化

不良が発生した際に機械が自動的に停止し、後の工程へ不良品が送られずに良品のみを送るようにすること。自働化は、無駄を徹底的に排除するためのものである。

(3)品質管理（QC）▶p31　▶p89

① QC サークル、② TQC、③ SQC

4 財務管理

Level 1 ▷ **Q37,Q38**　Level 2 ▷ **Q42**

(1)財務レバレッジ ▶p80

株主が投下した資本（自己資本）に対して総資本が何倍あるかをみる指標のこと。

(2)財務レバレッジ効果

総資本利益率＞負債利子率のとき、負債比率が大きいほど、自己資本利益率（ROE）増大。
総資本利益率＜負債利子率のとき、負債比率が大きいほど、自己資本利益率（ROE）低下。
→負債比率が自己資本利益率（ROE）に大きく影響。自己資本利益率（ROE）を高めるには、総資本利益率（ROA）を高めるだけでなく財務レバレッジを大きくする必要がある。

(3)投資の評価方法 ▶p90

①回収期間法	資額の回収にどれくらいの期間がかかるか計算し、回収期間の短い案ほど安全性が高いとして、投資案を評価する方法。
②会計的利益率法	投資額に対する年々のキャッシュ・フロー（年次回収額）の比率を計算し、投資案を評価する方法。
③正味現在価値法	年々のキャッシュ・フロー（年次回収額）を現在価値に換算し、その合計額と総投資額とを比較して投資案を評価する方法。
④内部利益率法	正味現在価値がゼロとなる（投資額と年々のキャッシュ・フローの現在価値が一致する）割引率を求めて投資案を評価する方法。

Q29 マーケティング

🔲 マーケティングに関する次の記述のうち、妥当なのはどれか。 （国家一般）

1 市場を構成する消費者や企業を、何らかの共通点に着目して、同じようなニーズを持つ市場部分（セグメント）に分類することをセグメンテーションという。セグメンテーションで重要なことは、同じセグメント内の消費者の反応が偏りを持たないように、セグメント内の異質性を高めておく一方で、複数のセグメント間では規模の格差が出ないように同質性を維持しておくことである。

2 マーケティング・コミュニケーション戦略にはプッシュ戦略とプル戦略の二つがある。プッシュ戦略とは、生産者が消費者に広告やパブリシティなどを通じて直接働きかけ、消費者が自ら購買へと進むようにさせる戦略であり、プル戦略とは、生産者が販売部隊や流通業者などの中間業者に販売促進や対面販売を行い、商品が店頭に並ぶように働きかける戦略である。

3 流通チャネルは、閉鎖型（排他的）チャネルと開放型チャネルとに分けられる。閉鎖型は流通業者を特定するので、流通業者の交渉力が強くなり、ブランド・イメージの維持や販売価格のコントロールが難しいという欠点があり、開放型は流通業者を特定しないので、パフォーマンスの低い業者は淘汰されることにつながり、ブランドや価格に対するメーカーのコントロールが容易になるという利点がある。

4 製品ライフサイクルの導入期における価格戦略は，目的別に2類型に分かれる。新しい物が好きな革新者をターゲットとし、初期費用の早期回収を目指すときは、製品価格を高価格に維持する浸透価格戦略が採用され、一般の早期大衆追随者をターゲットとし、市場の早期拡大を目指すときは、生産コスト低下に歩調を合わせて価格を下げていく上澄み価格戦略が採用される。

5 消費者が製品の購買に至るまでのプロセスを理解するための消費者行動モデルの一つに、そのプロセスを構成する五つのフェーズの頭文字をとった AIDMA モデルがある。それぞれ Attention（注意）、Interest（関心）、Desire（欲望）、Memory（記憶）、Action（行動）を表しており、製品普及の障害となる要素を分析するときなどに用いられる。

PointCheck

◉マーケティング…………………………………………………………………【★★★】

(1)マーケティングの定義

マーケティングとは、顧客のニーズを探り、それを満たすための経営プロセスをいう。

(2)マーケティングの領域

従来、マーケティングの領域は、顧客の望んでいる製品やサービスを見つけ、その欲求を満たすことのできる製品やサービスを適切な販売経路で提供し、それを実際に購入してもらうためのサポート活動までであった。しかし、最近では、製品やサービスを販売した後の活

動も含まれる。具体的には、製品の使用過程における助言や苦情の処理、使用済み製品のリサイクルもマーケティングの領域となっている。

●消費者の購買行動………………………………………………………………【★★★】

⑴ AIDA モデル
消費者が購買に至るまでの意思決定プロセスを示したものをいう。これは、①注意（Attention）→②関心（Interest）→③欲求（Desire）→④行動（Action）の4段階を経る。

⑵ AIDMA モデル
AIDA モデルの③の後に記憶（Memory）を入れたものが、AIDMA モデルである。これは、A→I→D→④記憶（Memory）→Aの5段階を経る。

●ブランド………………………………………………………………………【★★★】

⑴ブランドの意義
アメリカ・マーケティング協会によると、ブランドとは、「ある売り手の製品及びサービスを識別し、競合他社のものと差別化することを意図した名称、言葉、記号、シンボル、デザイン、あるいはその組合せ」のことをいう。

⑵所有者による分類
　①ナショナル・ブランド（NB）：製造業者のブランドのことをいう。製造業者が所有する
　　ブランドは全国的に知名度が高いので、ナショナル・ブランドと呼ばれる。
　②プライベート・ブランド（PB）：流通業者のブランドのことをいう。

●提供する財の分類………………………………………………………………【★☆☆】

⑴無形財（サービス）と有形財（製品）：有形財はさらに、繰り返し使用できる耐久財と、数度の使用で消耗する非耐久財とに分類できる。

⑵消費財と生産財：販売先が消費者の財を消費財、企業や政府等に販売する財が生産財。
　消費財はさらに、①最寄品（最小の努力で頻繁に購買される製品）、②買回品（購買にあたり比較検討計画等を行い、顧客の嗜好や価格を基準に購買される製品）、③専門品（ブランド価値や独自性を有し、顧客が十分な購買努力を行う製品）の3つに分けられる。

A29 正解ー5

1－誤　同一セグメント内では同質性、複数セグメント間では異質性を維持する。
2－誤　プッシュ戦略とプル戦略の記述が逆である。（**Q31** 参照）
3－誤　閉鎖型は特定の流通経路なので、ブランド・価格などの統制が容易となる。
4－誤　導入期に革新者をターゲットに高価格設定するのが上澄み価格戦略。導入期に低い価格設定で一般大衆をターゲットにするのが浸透価格戦略。（**Q32** 参照）
5－正　顧客に商品を認知させ、購入動機を形成し、購買行動へ移る段階である。

Q30 マーケティング・コンセプト

問 マーケティングに関する次の記述のうち、妥当なのはどれか。 （国税専門官）

1 生産志向のマーケティング・コンセプトとは、生産したものをすべて販売することを経営の主要課題とする理念である。これは、大量生産体制が確立した後の過程で、需要が供給に追い付かない状況（買手市場）を背景にしている。

2 製品志向のマーケティング・コンセプトとは、製品の普及期におけるもので、需要が旺盛であることから品質改善よりも消費者に安定的に製品を提供することが重要であり、マーケティング活動を積極的に行う必要はないという理念である。

3 販売志向のマーケティング・コンセプトとは、需要が一巡し市場が飽和した後において買手の関心や購買意欲を高めることを目的とする理念であり、広告・販売促進・販売員活動などがその手段として選ばれる。

4 顧客志向のマーケティング・コンセプトとは、「どの顧客がこの製品を必要としているか」というプロダクトアウトの発想から導かれる理念であり、既存の製品の価値を高く評価する特定の顧客を見付け出し、その顧客を対象として製品の情報を提供するものである。

5 社会志向のマーケティング・コンセプトとは、顧客の利益と社会全体の利益を推し量った上で、顧客の利益に反しない場合においてのみ社会の福祉を保護していこうとする理念であり、短期的な観点から社会全体の利益もある程度考慮するものである。

PointCheck

●マーケティング・コンセプト……………………………………………………【★★☆】
⑴マーケティング・コンセプトの意義

マーケティング・コンセプトとは、企業がマーケティング戦略を遂行するにあたり、経営理念を具体化したものをいう。

⑵マーケティング・コンセプトの分類

P. コトラーは、マーケティング・コンセプトを、以下の5つに分類した。
①生産志向のマーケティング・コンセプト

生産志向のマーケティング・コンセプトとは、効率的に製品を生産し、大量生産を実現することを主要課題とする理念である。このコンセプトは、モノが不足していた時代で、供給が需要に追いつかない状況を背景にしている。供給が需要に追いつかない状況では、売手市場になる。売手市場では、生産された製品はみな売れることになるので、マーケティングはあまり重視されず、生産性を向上させることが重視される。
②製品志向のマーケティング・コンセプト

製品志向のマーケティング・コンセプトとは、品質を改善し、消費者に安定的に製品を提供することを主要課題とする理念である。新規企業が参入し、各企業の生産量が増加すると、供給が需要に追いつかない状況から、供給が需要に追いつく状況に移行する。この

コンセプトは、供給が需要に追いついた状況を背景にしている。このような状況では、品質の高い製品しか売れなくなるため、品質改善や消費者に安定的に製品を提供することが重要となる。

③販売志向のマーケティング・コンセプト

　販売志向のマーケティング・コンセプトとは、買手の関心や購買意欲を高めることを主要課題とする理念である。このコンセプトは、需要と供給のバランスがとられ、大量生産・大量消費体制が構築された状況を背景にしている。このような状況では、広告、販売促進、販売員活動などが重視される。

④顧客志向のマーケティング・コンセプト

　顧客志向のマーケティング・コンセプトとは、多様化した消費者ニーズに応える製品を提供することを主要課題とする理念である。このコンセプトは、供給が需要を上回り、市場が成熟化した状況を背景にしている。このような状況では、顧客のニーズを把握し、売れるものを生産するというマーケット・インの考え方が重視される。

⑤社会志向のマーケティング・コンセプト

　社会志向のマーケティング・コンセプトとは、消費者の生活の質を向上させ、長期的な観点から社会全体の利益をめざすことを主要課題とする理念である。このコンセプトは、コンシューマリズムや環境主義などの消費者の権利を重要視する状況を背景にしている。このような状況では、消費者の短期的なニーズを満たすだけではなく、消費者の長期的な利益を満たし、社会全体に利益を提供する考え方が重視される。

A30 正解一3

1－誤　生産志向のマーケティング・コンセプトは、需要が供給に追いつかない状況（買手市場）ではなく、供給が需要に追いつかない状況（売手市場）を背景にしている。

2－誤　製品志向のマーケティング・コンセプトは、新規参入や各企業の生産量増加により、供給が需要に追い付いた状況を背景にしている。このような状況では、作ったものはみな売れるのではなく、いいものしか売れなくなるため、品質改善や消費者に安定的に製品を提供することが重要となり、マーケティング活動を積極的に行う必要性が高くなる。

3－正　販売志向のマーケティング・コンセプトに関する妥当な記述である。販売志向のマーケティング・コンセプトは、市場が飽和している状況を背景としている。

4－誤　顧客志向のマーケティング・コンセプトは、顧客のニーズを探り出しそのニーズを満たす製品を提供しようとするマーケットインの発想から導かれる理念である。

5－誤　社会志向のマーケティング・コンセプトとは、顧客の利益と社会全体の利益を推し量った上で、短期的には顧客の利益に反する場合においても社会の福祉を保護していこうとする理念であり、長期的な観点から社会全体の利益を考慮するものである。

Q31 マッカーシーの4P

問 次の文は、マーケティング戦略に関する記述であるが、文中の空所A～Cに該当する後の組合せとして、妥当なのはどれか。 (地方上級)

（ **A** ）とは、マーケティング諸活動を標的市場の特性に合わせて効果的に組み合わせたものである。マッカーシーは、顧客の要求に満足を与えることのできる手段を、Product、Price、（ **B** ）、（ **C** ）の4つの要素にまとめた。これらの要素は、一般にマッカーシーの4Pと呼ばれている。

	A	B	C
1	マーケティング・ミックス	Promotion	Place
2	マーケティング・ミックス	Promotion	Preference
3	マーケティング・ミックス	Process	Preference
4	マーケティング・コンセプト	Process	Place
5	マーケティング・コンセプト	Promotion	Preference

PointCheck

◉マーケティング・ミックス………………………………………………【★★★】

(1)マーケティング・マネジメント

マーケティング・マネジメントとは、企業がコントロールできる要因とできない要因に分け、環境の変化に適応するよう管理をすることをいう。

(2)マーケティング・ミックス

マーケティング・ミックスとは、マーケティング諸活動を標的市場の特性に合わせて効果的に組み合わせたものをいう。これは、企業がコントロールできる要因の組合せとなる。

(3)マッカーシーの4P

E.J.マッカーシーは、顧客の要求に満足を与えることのできる手段として、以下の4つを挙げた。これらは、企業がコントロールできる要因である。これらの要素は、一般にマッカーシーの4Pと呼ばれている。この4Pは、何を、いくらの値段で、どのような宣伝方法によって、どのような販売ルートで売るかということを具体的に意味しているものと考えるとわかりやすい。

① Product	製品
② Price	価格
③ Promotion	販売促進
④ Place	販売チャネル

問題でPoint を理解する
Level 1 Q31

第1章
第2章
第3章
第4章
第5章

●プロモーション　理解を深める ……………………………………………【★★☆】

プロモーションとは、顧客のニーズを喚起したり、流通業者の販売意欲を刺激したりすることを目的としたさまざまな情報伝達活動のことをいう。これは、コミュニケーション戦略と呼ばれることもある。プロモーション活動の具体的な活動には、広告、販売員活動、パブリシティ、販売促進等がある。パブリシティとは、マスコミなどに対して積極的に情報公開などを行い、メディアに報道されるよう働きかけることをいう。プロモーション戦略には、以下のものがある。

①プッシュ戦略：プッシュ戦略とは、製造業者が卸売業者や小売業者へ自社の販売員を送り、販売店援助を行い、消費者に積極的に販売してもらおうとする戦略のことをいう。これは、製品を押し込もうとするものであるので、プッシュ戦略と呼ばれる。

②プル戦略：プル戦略とは、広告によって消費者に働きかけ、消費者に自社の製品に興味・関心をもたせ、消費者から購買行動をとってもらおうとする戦略のことをいう。これは、顧客の購買を引き出そうとするものであるので、プル戦略と呼ばれる。

知識を広げる

プロダクト・ミックス

マーケティング・ミックスに似た用語に、プロダクト・ミックスがある。このプロダクト・ミックスとは、製造業者にとっては、自社が生産する製品の組合せのことであり、流通業者にとっては、自社が取り扱う製品の品揃えのことである。

●訴求内容・対象・方法による広告の分類 …………………………………【★☆☆】

①製品広告：特定の製品そのものの広告、②企業広告：広告主である企業を訴求する広告、③情報提供型広告：新製品の導入期に製品の詳細情報を訴える広告、④説得型広告：競争期に自社ブランドの品質面やコスト面での優位性を訴えた広告、⑤比較広告：競合ブランドに対する自社ブランドの優位性を訴求する広告、⑥リマインダー広告：成熟期にある製品のブランド・ロイヤリティを維持するための広告

A31　正解ー1

A －「マーケティング・ミックス」　マーケティング諸活動を標的市場の特性に合わせて効果的に組み合わせたものは、マーケティング・ミックスである。マーケティング・コンセプトとは、企業がマーケティング戦略を遂行するにあたり、経営理念を具体化したものをいう（**Q30** 参照）。

B －「Promotion」　E.J. マッカーシーが、顧客の要求に満足を与えることのできる手段としてまとめた4つの構成要素は Product、Price、Promotion、Place であり、これには Process は含まれない。

C －「Place」　4つの構成要素には Preference は含まれない。

Q32 価格戦略

問 マーケティングに関する次の記述のうち、妥当なのはどれか。　　（国家一般）

1 マーケティング・ミックスとは、製品（product）、価格（price）、時期（period）、対象人数（population）の四つのPをマーケティング変数として製品やサービスの需要に影響を与えることである。

2 実勢価格とは、消費者に製品コンセプトを提示して、製品の実際の需要を測定する調査を行い、その結果、消費者に受け入れられるであろう水準で決定される価格である。この場合、価格が先に決定され、その後にコスト計算や利益計算が行われる。

3 威光価格とは、品質の高さやステータスを消費者にアピールするために、意図的に高く設定された価格である。この価格設定は、購入頻度が低く、消費者が品質を判断しにくい製品に向いている。

4 市場浸透価格戦略とは、新製品の導入に当たり、一時的に価格を本来の価格水準よりも大幅に下げる戦略である。導入後、市場シェアを独占した時点で本来の価格水準に引き上げることで十分な利益を獲得することができる。

5 ある業界のトップシェア企業をマーケットリーダーと呼び、二番手はチャレンジャーとフォロワーに分かれる。このうち、チャレンジャーの基本戦略はリーダー企業の模倣であり、コストを節約し、低価格化戦略を採る。

PointCheck

◉**価格戦略**……………………………………………………………………【★★☆】

⑴価格設定の種類

製品の価格を設定する方法には、以下のようなタイプがある。

①費用重視型の価格設定	製品を生産するのにかかった費用に一定の利幅を加えて（マークアップ）、販売価格とする。これは、差別化がしやすい製品や需要が大きい製品に適用される。
②競争重視型の価格設定	競争企業が設定した価格を考慮して、自社の価格を設定する。これは、ガソリンなど、差別化の困難な製品に適用される。
③需要重視型の価格設定	消費者の値ごろ感を調べ、それにあった価格を設定する。この場合、価格が先に決定され、その後にコスト計算や利益計算が行われる。
④製品イメージ重視型の価格設定	顧客に製品を高級品として認知してもらうため、製品そのもののコストに比較して高めの価格設定する。これは、高級ブランド製品に適用される。

問題でPoint を理解する
Level 1 **Q32**

第1章
第2章
第3章
第4章
第5章

⑵価格戦略

製品を市場に投入する際に、どのような価格設定を行い、どのように戦略を構築するかについて、以下のものがある。

①市場浸透価格戦略 （ペネトレーション・プライシング）	製品を市場に投入する際に、低価格を設定し、販売数量の増大をできるだけ短期間で図り、マーケット・シェアの拡大を狙う戦略のこと。
②上層吸収価格戦略 （上澄み吸収価格戦略、 スキミング・プライシング）	製品を市場に投入する際に、高価格を設定し、短期間で、利益の獲得を図る戦略のこと。製品導入期に高い価格を設定して利益を早くすくいとり、市場が拡大するに従って、漸次価格を低下させて需要を拡大し、利益を量で稼ぐというもの。

知識を広げる

プラットフォーム戦略

製品やサービスではなくプラットフォーム（土台）を提供して、関連する企業がそれを利用し製品・サービス提供し全体を構築し、単独では構築できない事業展開を行う（例：パソコンのOSへのアプリ開発、インターネットのショッピングモールへの出店）。

A32 正解ー3

1ー誤 マーケティング・ミックスとは、製品（product）、価格（price）、販売促進（promotion）、販売チャネル（place）の4つのPをマーケティング変数とする（**Q31**参照）。

2ー誤 本肢のような価格は、需要価格である。実勢価格とは、競争企業の設定した価格を考慮した価格のことである。

3ー正 威光価格（プレミアム・プライス）に関する妥当な記述である。例えば、高級健康食品やブランドによる高級装飾品等では、購入頻度が低く、消費者が品質やその効果を判断しにくいため、高級感を演出するのに意図的に高く価格が設定される。

4ー誤 市場浸透価格戦略を採用し、いったん低い価格を設定してしまうと、価格を引き上げた際に販売量が激変することもありうるため、価格水準を引き上げることで十分な利益を獲得することができるとは限らない。

5ー誤 基本戦略としてリーダー企業の模倣を行うのは、チャレンジャーではなく、フォロワーである。チャレンジャーは、トップシェアの地位にあるリーダーを追走する二番手以下の企業の中で、リーダーに対して攻撃を仕掛け、そのシェアを奪おうという野心的な企業である。このチャレンジャーは、製品、価格、流通、広告などの点ででリーダーと異なる戦略を採用する。（**Q21**参照）。

Q33 製品ライフサイクル

問 次の文は、製品ライフサイクルに関する記述であるが、文中の空所 A ～ D に該当する語又は語句の組合せとして、妥当なのはどれか。 (地方上級)

導入期は、販売促進を展開する時期で費用がかかり、また、競争者は少ないという段階で、利益が（ **A** ）ことが多い。成長期は、製品の認知度が上がる一方、競争者も市場に参入するので、（ **B** ）が行われる。製品が普及し売上高が最大に達する成熟期には、買い替え需要が多くなり、（ **C** ）が行われる。製品の魅力が薄れ、売り上げが減少する一方、撤退する競争者も多いという特徴がある衰退期では、全体として利益は（ **D** ）する。

	A	B	C	D
1	出ない	ラインナップの追加	販売促進費用の最低水準化	安定
2	出る	ラインナップの追加	販売促進費用の最低水準化	減少
3	出ない	流通チャネルの絞込み	定期的なモデルチェンジ	安定
4	出る	流通チャネルの絞込み	販売促進費用の最低水準化	減少
5	出ない	ラインナップの追加	定期的なモデルチェンジ	減少

PointCheck

●製品ライフサイクル 理解を深める ･･････････････････････････････【★★★】

(1)製品ライフサイクルの意義

製品ライフサイクル（プロダクト・ライフサイクル、PLC：Product Life Cycle）とは、製品が誕生して消滅するまでの製品の一生のことをいう。これは、売上高ないしは販売数量との関係で示され、一般に、導入期、成長期、成熟期、衰退期に分類される。

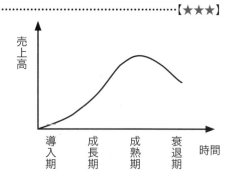

(2)製品ライフサイクルの各ステージ

製品ライフサイクルの各ステージにおける、売上高ないし販売数量との関係は、以下のとおりである。

①導入期	製品が市場に導入されるステージ。製品に対する需要が小さいため、売上高は小さい。コストは高く、利益はほぼマイナスである。
②成長期	製品が市場で成長するステージ。製品に対する需要が大きくなるため、売上高が急増する。コストは平均的で、利益は増加する。

③成熟期	製品が市場で成熟するステージ。製品に対する需要は買替え需要が中心となり、売上高が増加ないしは安定化する。コストは低く、利益は最大となる。
④衰退期	製品が市場で衰退するステージ。製品に対する需要が小さくなるため、売上高が低下する。コストは低くなるが、利益も低下する。

⑶製品ライフサイクルが生じる原因

製品ライフサイクルが生じる原因には、以下のものが考えられる。

①消費者購買行動

AIDAモデルでは、消費者が購買に至るまでの意思決定プロセスは、注意（Attention）→関心（Interest）→欲求（Desire）→行動（Action）の4段階を経るが、このプロセスがどのような時間的推移で進行するかによって、製品ライフサイクルは影響を及ぼされる。

②イノベーション（技術革新）

イノベーションによって新製品が開発され、顧客の関心がどのような新製品に移行するかによって、製品ライフサイクルは影響を及ぼされる。

◉脱成熟 理解を深める ⋯⋯⋯⋯⋯⋯⋯⋯⋯⋯⋯⋯⋯⋯⋯⋯⋯⋯⋯⋯⋯【★★☆】

一般に、製品ライフサイクルを売上高ないしは販売数量との関係で示すと、緩やかなS字形の曲線で描かれるが、すべての製品がこのような形状となるわけではない。脱成熟により、製品を成熟期から再び成長期に戻す革新が起こり、再び、売上高ないしは販売数量が伸びる例もある。カップ麺の開発により脱成熟が図られたインスタント・ラーメン市場がその例である。

A**33** 正解一5

A－「出ない」 導入期は、消費者による製品の認知度が低く、あまり売上高が大きくない一方、販売促進を展開する費用がかかり、利益が出ないことが多い。

B－「ラインナップの追加」 成長期は競争者に対抗するため、ラインナップの追加が行われる。

C－「定期的なモデルチェンジ」 成熟期には、買替え需要が多くなり、顧客のニーズを満たすよう定期的なモデルチェンジが行われる（**Q34**参照）。

D－「減少」 衰退期では、売上高が減少するので、全体として利益は減少する。

Q34 プロダクト・ライフサイクル

問 製品ライフサイクルに関する記述として、妥当なのはどれか。　　　　　(地方上級)

1　製品ライフサイクルは、製品が市場に投入されてから衰退するまでの過程を示したものであり、縦軸に市場の成長率を、横軸に製品の市場シェアを記載した図で表される。

2　導入期は、製品が市場に投入される段階であり、製品の需要が小さいために製品に対する費用を必要とせず、市場浸透を目的とした低価格戦略が重要であるとされる。

3　成長期は、製品に対する需要が急激に増加する段階であり、競合企業が類似の製品の開発に着手する段階であるために市場における競争はなく、他の段階と比較して最も利益が大きくなるとされる。

4　成熟期は、製品の売上高の伸びが鈍化し製品の売上高が最大に達する段階であり、新規需要よりも買い替え需要が主流となり、市場における競争が激化するため、製品の差別化戦略が重要であるとされる。

5　衰退期は、製品の売上高が急速に減少する段階であり、異分野からの市場への参入者はなく、既存の多くの企業が市場から撤退する一方、市場から撤退しない企業には上澄み吸収価格戦略が有効であるとされる。

PointCheck

◉製品ライフサイクル戦略……………………………………………………【★★★】

⑴製品ライフサイクル戦略の意義

　製品ライフサイクル戦略とは、導入期、成長期、成熟期、衰退期といった製品ライフサイクルの各ステージに適したマーケティング戦略のことをいう。企業は、自社の製品に関して、そのステージを見極め、導入期、成長期、成熟期、衰退期といった各ステージの特徴に適したマーケティング戦略を採用することが必要である。

⑵各ステージのマーケティング戦略

　各ステージのマーケティング戦略は、以下のようになる。

①導入期のマーケティング戦略

　導入期は、製品が導入されてまもないので、市場の確立、基本的な需要の喚起、製品の認知度の向上などが目標とされる。よって、導入期では、プロダクト・イノベーション（製品革新）のための研究開発戦略や、広告宣伝費を増大するなどの製品の認知度を高めるためのプロモーション戦略等が採用される。価格戦略においては、市場浸透価格戦略、あるいは上層吸収（上澄み吸収）価格戦略が採用される。

②成長期のマーケティング戦略

　成長期は、需要が急激に増加し売上高も増大し、競争企業の参入が始まるので、製品の市場への浸透、マーケット・シェア拡大などが目標とされる。よって、成長期では、製品の需要を拡大させる戦略や差別化戦略、競争的な広告により自社ブランドの定着化を図る

問題でPoint を理解する
Level 1 Q34
第1章
第2章
第3章
第4章
第5章

戦略等が採用される。

③成熟期のマーケティング戦略

　成熟期は、製品に対する需要や販売チャネル数が最大となるので、ブランドの強化、マーケット・シェアの維持、製品ライフサイクルの延命、買替え需要の喚起などが目標とされる。よって、成熟期では、競争企業に対抗するための差別化戦略、再商品化や新用途開発などの製品延命策や、買換需要を喚起するために計画的に製品寿命を短縮させる計画的陳腐化などの戦略が採用される。

④衰退期のマーケティング戦略

　衰退期は、売上が減少し利益が低下するので、経費削減、撤退準備などが目標とされる。よって、衰退期では、その製品からできるだけの利益を刈り取る収穫戦略、需要の見込める製品に集中する焦点絞り込み戦略、変更をせずに同様な戦略をとり続ける継続戦略などが採用される。

知識を広げる

製品ライフサイクル

　製品ライフサイクルを4段階に分類するのではなく、5段階に分類する考え方もある。これによると、製品ライフサイクルは、導入期、成長期、競争期、成熟期、衰退期となる。

A34 正解ー4

1－誤　製品ライフサイクルは、製品が市場に投入されてから衰退するまでの過程を示したものであり、縦軸に製品の売上高ないしは販売量を、横軸に時間を記載した図になる（**Q33**、**Q27** 参照）。

2－誤　導入期は、製品革新のための研究開発費や製品の認知度を高めるための広告宣伝費などの費用が必要とされる。

3－誤　成長期は、競合企業が類似の製品の開発に着手する段階であるために、市場における競争が激しくなる。また、最も利益が大きくなるのは、成長期ではなく、成熟期である（**Q33** 参照）。

4－正　成熟期に関する妥当な記述である。

5－誤　上澄み吸収価格戦略は、製品導入期に高い価格を設定して利益を早くすくいとり、市場が拡大するに従って、漸次価格を低下させて需要を拡大し、利益を量で稼ぐという価格戦略であり、衰退期に有効なものとはいえない（**Q32** 参照）。

Q35 生産管理

問 生産管理に関する記述として、妥当なのはどれか。 （地方上級）

1 フォード・システムとは、熟練労働者が多様な注文に応じて必要な一連の作業をこなすように数種の汎用機（はんようき）を整備した作業組織であり、多種類の製品を少量生産するのに適している。

2 グループテクノロジーとは、単一製品の大量生産における作業の単純化を指し、すべての作業をできる限り細分・単純化した上で、そこに専用機を配置し、作業の分業関係を通して生産性を向上させるものである。

3 カンバン方式とは、ジャスト・イン・タイムを実現するため、情報伝達手段として「カンバン」を使用して、市場に近い後工程が必要とする部品だけを前工程が生産する方式であり、中間在庫を極力無くそうとするものである。

4 QCサークルとは、日本において広く行われている品質管理活動で、日本企業では高度の専門知識を持つ品質管理の専門家が、諸問題の解決や改善などに関して、現場に助言を行うものである。

5 ISOとは、工業製品の品質向上を図るための統一的な規格として日本工業標準調査会が定めたもので、「ISO14000シリーズ」は品質管理の国内規格であり、事業所ごとに第三者機関が適合性を認証する。

PointCheck

●生産管理‥‥‥‥‥‥‥‥‥‥‥‥‥‥‥‥‥‥‥‥‥‥‥‥‥‥‥‥‥‥‥‥‥‥‥‥‥【★★★】

(1)フォード生産方式

フォード生産方式（フォード・システム）とは、部品や工具の標準化とベルト・コンベアによる移動組立法による少品種大量生産方式のことをいう。このフォード生産方式により、自動車メーカーであるフォードは、T型フォードという1つの車種にだけ集中して、当時は高級品であった自動車を大衆車として世に送り出すことを可能にした。

(2)トヨタ生産方式

トヨタ生産方式の中核をなすのは、ジャストインタイム（JIT：Just In Time）と自働化の2つである。

①ジャストインタイム

ジャストインタイムは、すべての生産工程において後工程の要求に適合するよう、必要なものを、必要なときに、必要な量だけ供給する生産方式のことをいう。カンバン方式とは、製造の前工程と次工程との間で、部品の納入の時間、数量を記載したカンバンといわれる作業指示書をやり取りし、必要なものを、必要なだけ部品を供給することができるようにする仕組みのことをいう。

第1章
第2章
第3章
第4章
第5章

②自働化

自働化とは、不良が発生した際に機械が自動的に停止し、後の工程へ不良品が送られずに良品のみを送るようにすることをいう。自働化は、無駄を徹底的に排除するためのものである。

⑶グループテクノロジー

グループテクノロジーとは、類似の部品や生産工程を持つ複数の製品を1つのグループにまとめることによって生産性を高める手法のことをいう。これは、多品種少量生産に適用される。

⑷セル生産方式

セル生産方式とは、数人の従業員を1つの単位とするセルごとに製品を生産する方式のことをいう。このセル生産方式はグループテクノロジーの手法に基づいたもので、これによると、品種の変更や数量の増減に対して柔軟に対応することができる。

⑸コンカレントエンジニアリング

製品の設計・製造や廃棄に至るプロセスについて、それ構成する複数の工程を同時並行で進め、各部門間の情報共有や共同作業を行うこと。これにより各部門の視点を早期に盛り込むことができ、開発期間短縮や資源の効率的利用、コスト削減が図られる。

⑹ISO（International Organization for Standardization）

主に工業製品などの国際標準規格を策定する国際標準化機構。非政府のボランタリー組織で、国家間の規格統一による貿易促進を目的としている。ISO 9000は品質管理・保証体制に関する認証で、ISO 14000は環境管理・審査に関する規格である（**Q08**参照）。

A35 正解―3

1―誤　フォード・システムは、未熟練労働者がベルト・コンベア式の機械を用いて、徹底的に標準化された作業を行うものであり、少ない種類の製品を大量生産するのに適している（**Q57**参照）。

2―誤　本肢は、グループテクノロジーではなく、フォード・システムの説明になっている。

3―正　カンバン方式に関する妥当な記述である（**Q14**参照）。なお、カンバン方式のことをジャストインタイム方式と呼ぶこともあるが、厳密には、カンバン方式は、ジャストインタイムを実現させるための1つの手段である。

4―誤　日本企業におけるQCサークルは、高度の専門知識を持つ品質管理の専門家が行うものではなく、生産現場の従業員が自発的な小集団活動として行うものである（**Q14**参照）。

5―誤　ISOとは、国際標準化機構（International Organization for Standardization）のことである。また、「ISO 14000シリーズ」は、国際標準化機構（ISO）が発行した環境マネジメントシステムに関する国際規格の総称のことをいう（**Q08**参照）。

Q36 オペレーション管理

問 オペレーション管理に関する次の記述のうち、妥当なのはどれか。　　　　（国家一般）

1 見込み生産とは、受注より先に生産しておく、あるいは受注より先に生産に着手する生産方法である。見込み生産では納期とメーカーの生産期間は連動しないので、企業は生産効率を最適化し、在庫コストや納期を勘案することなく生産計画を立てることができる。これにより在庫コストと品切れコストが最小化され、見込み生産を行う企業は利益率を高くすることが可能となる。

2 製品・工程マトリックスでは、横軸に製品のタイプ、縦軸に工程のタイプが示される。この分析では、製品の生産の際に求められるロットサイズ、品種数、製品の標準化度合いなどに応じて、一品生産、多品種少量生産、少品種大量生産などが決まり、それに適合的な工程タイプが選択されるべきであるとされる。

3 企業が、ある部分を社内で作る（内製）か、社外から買ってくる（外製）かを決定する際に、コースは取引コストという概念の利用を提唱した。市場には無数の取引相手企業が存在するため、交渉相手を探索するコストは低くなる。したがって、市場取引を行えば取引コストを削減することができるため、どのような場合であっても企業は外製を行うべきであるとされる。

4 アバナシーは、ある製品とその生産工程の技術発展の過程を、大きく三段階に分けてとらえた。この過程は、大きな製品イノベーションが次々と起こる「製品革新期」から始まり、製造方法を向上させる「工程革新期」を経て、製品と工程ともに標準化・効率化が進み、最後にドミナント・デザインが登場してシステムが硬直化していく「標準化期」を迎える。

5 ジャスト・イン・タイムとは、必要なモノを必要な量だけ必要なときに生産することで、在庫や人件費を削減して、生産速度を最大化することを目的としたシステムである。このシステムにおいては、後工程引取りの在庫システム「アンドン」を採用し、工程間の在庫をゼロにすることが望ましいとされる。

PointCheck

◉オペレーション管理‥‥‥‥‥‥‥‥‥‥‥‥‥‥‥‥‥‥‥‥‥‥‥‥‥‥‥‥‥‥‥‥‥【★★☆】

(1)製品・工程マトリックス

　製品・工程マトリックスは、製品の性格に合わせてどのような生産方式をとれば生産性がよいかを示すことができる。製品・工程マトリックスでは、横軸に製品のタイプ（一品生産、多品種少量生産、少品種大量生産、一品種大量生産）、縦軸に工程のタイプ（連続フロー、ラインフロー、バッジフロー、ジョブショップ、プロジェクト）が示される。これによると、製品の生産の際に求められるロットサイズ、品種数、製品の標準化度合いなどに応じて、一品生産、多品種少量生産、少品種大量生産、一品種大量生産などの製品のタイプが決まり、それに適合した工程タイプが選択されるべきであるとされる。

⑵取引コストの理論

　取引コストの理論は、R.H.コースが提唱し、O.E.ウィリアムソンがモデル化したものである。取引コストとは、取引を成立させるために必要な総費用のことで、取引相手の探索費用や、取引相手が不誠実な取引を行うリスクなども含まれる。取引コストの理論によると、市場の取引コストが社内の管理コストを上回る場合には企業は内製を行い、市場の取引コストが社内の管理コストを下回る場合には企業は外注（外製）を行うべきであるとされる。

知識を広げる

「アンドン」

　自働化とは、無駄を徹底的に排除するため、不良が発生した際に機械が自動的に停止し、後の工程へ良品のみを送るようにすることをいう。異常が発生すれば機械が停止するため、従業員が多くの機械を目で見て管理することができる。この生産工程の異常を知らせる仕組みとして、トヨタの工場には「アンドン」と呼ばれる異常表示盤が設置されている。

A36 正解─2

1─誤　見込み生産では納期とメーカーの生産期間は連動せず、在庫コストや納期を調整した生産計画を立てる必要がある。受注生産に比べて見込み生産では、在庫コストと品切れコストが大きくなる。

2─正　製品・工程マトリックスに関する妥当な記述である。

3─誤　R.H.コースの取引コスト理論によると、市場には無数の取引相手企業が存在するため、交渉相手を探索するコストは高くなる。したがって、市場取引を行えば取引コストが増大することになるため、市場の取引コストが社内の管理コストを上回る場合には、企業は外製を行うべきでなく、内製を行うべきであるとされる。

4─誤　W.J.アバナシーの技術革新モデルによると、プロダクト・イノベーション、プロセス・イノベーション、インクリメンタル・イノベーション、脱成熟の4段階が示される。プロダクト・イノベーションとは、製品に関する革新のことをいい、製品が発明されてからその製品の標準的かつ優勢な仕様（ドミナント・デザイン）が決まるまでに主にみられる。プロセス・イノベーション（工程革新）とは、工程に関する革新のことをいい、ドミナント・デザイン決定後に主にみられる（**Q23**参照）。

5─誤　ジャストインタイムは、生産速度を最大化することを目的とするのではなく、無駄を省くことを目的としたシステムである。部品納入の時間・数量を記載した「カンバン」と名づけられた作業指示書をやり取りする（**Q35**、**Q14**参照）。

Q37 財務レバレッジの効果

問 次の文は、財務レバレッジの効果に関する記述であるが、文中の空所Ａ〜Ｃに該当する語の組合せとして、妥当なのはどれか。 (地方上級)

　財務レバレッジの効果とは、企業の（　Ａ　）比率を変えると「てこの原理」が働き、企業の自己資本利益率が変わることである。

　総資本利益率が負債の利子率より高ければ、自己資本利益率は総資本利益率より高くなり、しかも（　Ａ　）比率が（　Ｂ　）ほど、自己資本利益率は高く押し上げられる。逆に、総資本利益率が負債の利子率より低ければ、自己資本利益率は総資本利益率より低くなり、しかも（　Ａ　）比率が（　Ｃ　）ほど、自己資本利益率は低く引き下げられる。

	Ａ	Ｂ	Ｃ
1	流動	高い	低い
2	流動	低い	低い
3	負債	高い	低い
4	負債	低い	高い
5	負債	高い	高い

PointCheck

◉財務レバレッジの効果··【★★☆】

(1)財務レバレッジ

　財務レバレッジとは、株主が投下した資本（自己資本）に対して総資本が何倍あるかをみる指標のことをいう（レバレッジは「てこ」の意味）。財務レバレッジは、以下のように表される。

$$財務レバレッジ＝\frac{総資本}{自己資本}　　（自己資本比率の逆数）$$

　負債比率は、以下のように表される。よって、負債比率が大きいほど、財務レバレッジも大きくなる

$$負債比率（\%）＝\frac{負債}{自己資本}×100$$

(2)財務レバレッジ効果

　財務レバレッジ効果とは、負債比率が自己資本利益率（ROE）の変動に大きく影響を及ぼすことをいう。

　自己資本利益率（ROE）を高めるためには、総資本利益率（ROA）を高めるだけでなく財務レバレッジを大きくすることが必要になる。

　総資本利益率＞負債利子率のとき、負債比率が大きいほど、自己資本利益率ROEは増大し、

第1章
第2章
第3章
第4章
第5章

総資本利益率<負債利子率のとき、負債比率が大きいほど、自己資本利益率ROEは低下する。

●**財務レバレッジ効果**　理解を深める ・・・・・・・・・・・・・・・・・・・・・・・・・・・・・・・・・【★☆☆】

　総資本利益率（ROA：Return On Assets）とは、当期純利益の総資本に対する割合をいい、以下の式のように、売上高利益率と総資本回転率に分解することができる。

$$ROA = \frac{当期純利益}{総資本} = \frac{当期純利益}{売上高} \times \frac{売上高}{総資本} = 売上高利益率 \times 総資本回転率$$

　また、自己資本利益率（ROE：Return On Equity）とは、当期純利益の自己資本に対する割合をいい、以下の式のように、売上高利益率と総資本回転率と財務レバレッジに分解することができる。

$$ROE = \frac{当期純利益}{自己資本} = \frac{当期純利益}{売上高} \times \frac{売上高}{総資本} \times \frac{総資本}{自己資本}$$

$$= 売上高利益率 \times 総資本回転率 \times 財務レバレッジ$$

　よって、総資本利益率（ROA）と自己資本利益率(ROE)の関係は、以下のように、ROEはROAに財務レバレッジを乗じたものになる。

$$ROE = ROA \times 財務レバレッジ$$

　したがって、負債比率、ないしは財務レバレッジが自己資本利益率(ROE)の変動に大きく影響を及ぼすことになる。

A37 正解－5

A －「負債」　負債比率が高→財務レバレッジ（てこの効果）が大→企業の自己資本利益率（ROE）に影響

B －「高い」　総資本利益率＞負債の利子率なら、自己資本利益率＞総資本利益率なので、負債比率が高→財務レバレッジが大→自己資本利益率（ROA）が上がる

C －「高い」　総資本利益率＜負債の利子率なら、自己資本利益率＜総資本利益率となり、負債比率が高→財務レバレッジが大→自己資本利益率（ROA）が下がる

Q38 インセンティブ・システム

問 インセンティブ・システムに関する次の記述のうち、妥当なのはどれか。　（国家一般）

1　衡平理論（equity theory）によれば、組織構成員は、自分の労働と賃金の比を他者のそれと比較して、賃金が衡平かどうかを判断する。成員の衡平感が高まるのは、他者と比較して、自分がした労働への対価を超えて余分に賃金を受け取っていると知覚したときである。

2　あるプロスポーツの大会では、優勝者と準優勝者の実力の差はわずかかもしれないのに、優勝と準優勝では賞金に格段の差がある。トーナメント理論によれば、このような格差は選手の不公平感を増大させ、優勝へのモチベーションを損なうものである。

3　日本企業の年功型賃金プロファイルでは、従業員は若年期には限界生産性よりも低い賃金を受ける代わりに、高年期には限界生産性を上回る賃金を受け取る。この資金プロファイルには、従業員の怠業や他企業への転職を防ぐ効果がある。

4　1990年代以降、いくつかの日本企業が成果主義型賃金体系を導入した。日本では基本給の一部に成果給や業績給を導入することは労働基準法で禁止されているので、賞与において個人間の格差を大きくすることで賃金格差の拡大が実現される。

5　日本企業では、従業員の定年退職時に退職金を支給することがあるが、この制度は第二次世界大戦後にアメリカ合衆国から導入された。退職金の由来については、永年の勤続に対する企業からの慰労金であるとする説や、賃金の一部後払いであるとする説などがある。

PointCheck

◉インセンティブ・システム………………………………………………【★☆☆】

(1)衡平理論

　J.S.アダムスの衡平理論（equity theory）によれば、人はその場に投入した労力や友情・好意などの量（インプット）と、それに対して自分に分配された報酬や成果・満足感などの結果（アウトプット）とを比較して、衡平であるかどうかを判断する。インプットに比べてアウトプットが不当に下回る場合、釣り合いを回復しようとする行動を起こす。

(2)トーナメント理論

　トーナメント理論によれば、優勝者と準優勝者との賞金の格差はインセンティブを与えるものとなる。企業において、上位層への昇進による賃金の増加が高いと、下位層のメンバーの競争心が刺激されることになる。この理論においては、トップ・マネジメントの役員報酬は、ロワー・マネジメントが互いにトーナメントとしての競争をして勝利したときに与えられるトロフィーのような役割をすると考える。トップ・マネジメントの役員報酬が高額で魅力的であれば、ロワー・マネジメントは、それを獲得しようとして努力する。その努力が企業の業績に貢献するならば、役員報酬は効果的なインセンティブとなる。

(3)年功型賃金プロファイル

日本企業の年功型賃金プロファイルでは、従業員は若年期には限界生産性よりも低い賃金を受ける代わりに、高年期には限界生産性を上回る賃金を受け取る。この資金プロファイルには、以下のメリット、デメリットがある。

〈メリット〉

①従業員の怠業や他企業への転職を防ぐ

②能力の差が出にくい若い頃は平等に扱うことで仲間意識を醸成する

③長期的な視点で人材育成や評価ができる

④長期的に勤労意欲を高め終身雇用制を促進する

〈デメリット〉

①実績や能力に応じた処遇をしないことにより従業員間に不平等感が生じる

②同じように昇進させてしまうことにより中下級管理職に余剰傾向が生じる

③高齢化により人件費が増加する

(4)成果主義型賃金体系

成果主義型賃金体系とは、仕事の成果を賃金に反映させるシステムのことをいう。これにより、従業員のモチベーションを向上させることができる。

(5)退職金

退職金とは、ある一定の期間を超えて勤続した従業員の定年退職時に支給される金銭のことをいう。退職金制度があることにより、勤務の継続が維持されので、退職金はインセンティブとなる。退職金の本質については、永年の勤続に対する企業からの慰労金であるとする説や、賃金の一部後払いであるとする説などがある。

A38 正解－3

1－誤　J.S.アダムスの衡平理論（equity theory）によれば、組織構成員は、自分の労働とそれに対して自分に分配された賃金を比較して、衡平かどうかを判断する。

2－誤　トーナメント理論によれば、上位ランクへの昇進による賃金の増加が高いと、下位ランクのメンバーの競争心が刺激されることになる。

3－正　日本企業の年功型賃金プロファイルに関する妥当な記述である。（**Q09**参照）。

4－誤　基本給の一部に成果給や業績給を導入することは、労働基準法で禁止されてはいない。

5－誤　日本企業における退職金制度は、第二次世界大戦以前にも存在した。

Q39 製品ライフサイクル

問 製品ライフサイクルに関する次の記述のうち、妥当なのはどれか。 （国家一般）

1 導入期には、競争者が多数存在する上に、売上高も少ないが、平均より所得水準の高い「イノベーター」が主要な顧客となるため、多くの場合に利益を確保できる。この段階では、企業は市場シェアの最大化を目的として、浸透価格戦略をとる。

2 成長期には、デファクト・スタンダードの獲得を目指した激しい規格競争が行われるため、売上高が急成長するものの、利益は導入期より減少する。この段階では、企業はブランド・ロイヤルティの確立を目的として、コストに基づいた価格戦略をとる。

3 成熟期におけるリーダー企業は、他の成功企業の戦略を模倣することを基本方針とする。早期に模倣を完了するため、市場ターゲットを特定市場セグメントに限定した上で、顧客のブランド・スイッチを促すため、モデルチェンジなどの計画的陳腐化により需要を刺激する戦略をとる。

4 成熟期におけるニッチャー企業は、他企業の取りこぼした市場内のすべての需要に対応することを基本方針とする。すべての顧客を市場ターゲットとし、リーダー企業やチャレンジャー企業との差別化を図るため、ニッチ市場における規模の経済効果をいかした低価格化戦略をとる。

5 衰退期には競争者数、売上高、利益が減少する。この段階では、企業は支出削減とブランド収穫を目的として、製品の種類を削減して価格を切り下げるとともに、販売促進費を可能な限り削減する戦略をとる。

PointCheck

◉製品ライフサイクル……………………………………………………………【★★★】
市場環境

製品ライフサイクルの各ステージにおける市場環境は、以下のような特徴がある。

①導入期の市場環境

導入期は、製品の認知度が低く、新製品に対する需要は小さく、製品の市場浸透度は低い。導入期では、製品の購買者は革新者（イノベーター）あるいは初期採用者であり、競争企業は少ない。

②成長期の市場環境

成長期は、製品の認知度が次第に高くなり、新製品に対する需要は急激に増大し、製品の市場浸透度は高くなってくる。成長期では、製品の購買者は早期追随者であり、競争企業が参入しはじめる。

③成熟期の市場環境

成熟期は、製品の認知度が非常に高くなり、新製品に対する需要は買換需要が中心となり、製品は完全に市場に浸透する。成熟期では、製品の購買者は後期追随者であり、競争企業が最大となる。

④衰退期の市場環境

　衰退期は、製品の認知度が薄れ、新製品に対する需要は代替品へ移行し、市場浸透度は低くなる。衰退期では、製品の購買者は遅滞者であり、競争企業が撤退するため競争者は少なくなる。

知識を広げる

新製品の普及度

　E.M. ロジャースは、新製品の普及度を採用者数として縦軸にとり、採用時間を横軸にとって、以下のように、採用者カテゴリーを5つに分類した。

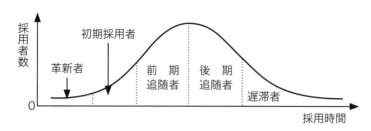

Level up Point!　製品ライフサイクルの内容は、毎年のように、いずれかの公務員試験種で出題されている。極めて重要な項目であるので、時事的な内容を含めた出題も予想される。

A39　正解－5

1－誤　導入期には競争者は少なく、売上高が少ない一方で費用がかかるので、一般に、利益確保は難しい。新しいもの好きの、平均より所得水準の高い「イノベーター」が主要な顧客となる場合に、上層吸収価格戦略を採用することで利益が確保できる。市場シェアの最大化を目的として浸透価格戦略をとるとは限らない（**Q32**、**Q33**、**Q34** 参照）。

2－誤　成長期には売上高が急成長し、利益は導入期より増加する（**Q33** 参照）。

3－誤　模倣戦略を基本方針とするのは、フォロワー企業である。また、リーダー企業はマーケット・シェアが最大な企業なので、市場ターゲットを特定市場セグメントに限定した焦点絞り込み戦略は採用しない（**Q21** 参照）。

4－誤　ニッチャー企業は、大企業がターゲットにしないニッチ市場で競争優位を確立しようとする（**Q21** 参照）。また、規模が小さいニッチ市場で規模の経済効果は見込めない。

5－正　衰退期に関する妥当な記述である（**Q33**、**Q34** 参照）。

Q40 プロダクト・ライフサイクル

問 プロダクト・ライフ・サイクルを導入期、成長期、成熟期及び衰退期に分けてとらえる
考え方に関する次の記述のうち、妥当なのはどれか。　　　　　　　　　（国税専門官）

1　導入期は、新製品が導入されてから利益を出すまでの期間をいう。この時期は、製品へ
の需要が小さいため、標準化モデルの確立により市場が開拓されるまでは研究開発活動が
中心となり、利益を出すために販売促進費は小規模にとどまる。

2　成長期においては、新製品の認知度が上がり、保守的な顧客までを含めた大衆市場が誕
生する。需要の急速な伸びに伴って、生産規模の大幅な拡大が進むと同時に、新規業者の
参入による競争が始まり、価格低下の傾向も強まる。

3　成熟期においては、需要が飽和状態に近づくため競争が激しくなり、大規模生産によっ
て経験曲線の効果が最も発揮されることとなる。この段階では、差別化戦略の重要性は低
く、専ら低価格化戦略により市場シェアの維持が図られる。

4　衰退期においては、顧客の趣味の変化、技術革新による優れた新製品の登場などの各種
要因により需要が縮小し、多くの企業の撤退が始まる。この時期は、販売促進費の増額や
製品種類の追加などによりイメージの改善を図ることが重要である。

5　プロダクト・ライフ・サイクルの初期の段階においては、一般には、効率的な生産を目
指す生産技術の革新が製品技術の開発よりも重要であるが、成長期以降の段階においては、
他の製品との差別化を図るため、製品技術の開発の方により力点が置かれることになる。

PointCheck

◉製品ライフサイクル戦略　　繰り返し確認　……………………………………【★★★】
各ステージにおける製品ライフサイクル戦略は、以下のような特徴がある。

①導入期の マーケティング 戦略	・市場の確立、基本的な需要喚起、製品の認知度向上が目標 ・プロダクト・イノベーション（製品革新）のための研究開発戦略 ・開拓的な広告、製品の認知度を高めるプロモーション戦略 ・ブランドの認知 ・流通チャネルは未構築 ・低価格の価格設定によりマーケット・シェアを拡大させる市場浸透価格戦略、あるいは高価格の価格設定により利益を増大させる上層吸収価格戦略

②成長期の マーケティング 戦略	・製品の市場への浸透、マーケット・シェア拡大などが目標 ・競争的な広告 ・ブランドの定着化 ・流通チャネルの多様化・系列化 ・製品の需要を拡大させる戦略 ・競争企業に対抗するための差別化戦略
③成熟期の マーケティング 戦略	・ブランドの強化、マーケット・シェアの維持、製品ライフサイクルの 延命、買替え需要の喚起などが目標。維持的な広告 ・競争企業に対抗するための差別化戦略 ・流通チャネルの再編成 ・再商品化や新用途開発などの製品延命策 ・買替え需要喚起のため計画的に製品寿命を短縮させる計画的陳腐化
④衰退期の マーケティング 戦略	・経費削減、撤退準備などが目標。広告の減少 ・製品からできるだけ利益を刈り取る収穫戦略 ・需要の見込める製品に集中する焦点絞り込み戦略 ・変更をせずに同様な戦略をとり続ける継続戦略 ・在庫を減らすための利益無視の価格設定

Level up
Point!
　　製品ライフサイクル戦略の出題頻度は極めて高い。各期の製品ライフサイクル戦略について正確にまとめ暗記する必要がある。

A40　正解―2

1－誤　導入期は、製品への需要が小さいため、研究開発活動とともに、顧客の製品に対する認知度を高めて販売量を増加させる戦略がとられるため、販売促進費は大規模なものとなる（**Q33**、**Q34** 参照）。

2－正　成長期に関する妥当な記述である（**Q34** 参照）。

3－誤　成熟期においては、売上と利益の伸びが鈍化するため、市場のターゲットの修正や製品自体の修正による需要の喚起が必要となるので、差別化戦略の重要性は高くなる（**Q33**、**Q34** 参照）。

4－誤　衰退期においては、売上と利益の伸びが激減するため、当該製品からできるだけ利益を刈り取ったり、需要の継続が見込めそうな製品に絞り込んだり、変更をせずに同じ戦略をとり続けたりするなどの戦略をとることが必要である（**Q33**、**Q34** 参照）。

5－誤　プロダクト・ライフ・サイクルの初期の段階においては、一般には、他の製品との差別化を図るため、製品技術の開発（プロダクト・イノベーション）が効率的な生産を目指す生産技術の革新（プロセス・イノベーション）よりも重要である。また、成長期以降の段階においては、効率的な生産を目指すため、生産技術の革新のほうにより力点が置かれることになる（**Q23** 参照）。

第1章　第2章　第3章　第4章　第5章

Q41 技術経営

問 技術経営に関する次の記述のうち、妥当なのはどれか。 （国家一般）

1 分断的技術とは、機能面で既存技術に勝り、しかも既存技術と異なる価値によって新しい用途や市場を開拓するような新技術のことである。新技術の市場は、立ち上がり当初は規模も小さく価格も利益率も低いため、新技術を発明した新興企業にとってむしろ参入が困難で、新技術の事業化を諦めてしまうことが多い。これをイノベーターのジレンマという。

2 企業の研究開発組織の中で、大学など外部コミュニティからもたらされる情報を媒介し、他のメンバーに伝達する役割を持つ研究者を重量級プロダクト・マネジャーという。重量級プロダクト・マネジャーは、他のメンバーが理解可能な情報を取捨選択するので研究開発組織の混乱を防止するが、有用な情報を捨象することで研究成果に関するパフォーマンスを低下させることが実証されている。

3 製品の設計方式は、部品の接続方式であるインターフェイスの標準化によって類型化される。インテグラル型は事前に標準化しないので、部品間の相互依存性は低くなり、部品ごとの最適設計は可能だが製品機能は最適化されないこともある。モジュラー型は事前に標準化するので、部品間調整が可能となり製品機能は最適化されるが、部品間の相互依存性は高くなる。

4 イノベーション・プロセスは研究・技術開発活動、製品開発活動、事業化活動という三つの段階を踏んで進むと理解されている。また、研究・技術開発活動において、優れた技術を生み出せない等の困難を「魔の川」といい、製品開発活動において、新技術を応用した新製品を開発することができない、開発した新製品が顧客に受け入れられない等の困難を「死の谷」という。

5 製品開発プロセスを構成する複数の機能部門の間で、業務を並行させて開発活動を進める手法をフロント・ローディングという。フロント・ローディングを採用すると，部門をまたいでコア技術が移転されることで開発パフォーマンスは向上し、コア技術を複数製品で共通利用する横展開のスピードが上がり、新製品導入率は上昇する。

PointCheck

●製品アーキテクチャ……………………………………………………………………【★☆☆】

製品アーキテクチャとは、製品設計の基本思想のことをいう。これには、以下の2つがある。
①モジュラー型

モジュラー型（組み合せ型）は、事前に部品の組合せのルールを決めて、それに従って部品を組み合わせるものをいう。これは、一般に、水平分業が進んだアメリカの企業が得意とするものである

②インテグラル型

インテグラル型（摺り合わせ型）は、事前に部品の組合せのルールを完全には決めない

第1章
第2章
第3章
第4章
第5章

で、開発・製造段階で多数の部品を相互に調整していくものをいう。これは、組織力が高い日本の企業が得意とするものである。

● 生産管理　　繰り返し確認 ……………………………………………………【★★☆】
日本の品質管理

　日本の品質管理（QC：Qualty Control）は、アメリカ流の統計学の影響を受けている。日本でQCが注目されたのは、1950年に日本科学技術連盟によりアメリカからW.E.デミングが招かれ、統計的品質管理（SQC：Statistical Quality Control）が指導されてからである。この統計的品質管理の手法には、QC七つ道具（パレート図、ヒストグラム、散布図、管理図、特性要因図、層別、チェックシート）、実験計画法、回帰分析、多変量解析などの統計的手法が用いられる。その後1951年に、品質管理に優れた企業や団体に贈られるデミング賞が設立された。日本において、品質管理がQCサークル活動やTQCとして普及されたのは、1960年代以降である。

　① QCサークル活動：製品の品質向上を図るため、従業員が小集団で行う自主的な活動。
　② TQC（Total Quality Control）：製造部門だけでなく、サービス部門や管理部門など全社的にQC活動を行なう。

Level up Point !　経営管理各論において、生産管理・技術管理の分野は重要である。特に、トヨタ生産方式、品質管理については問題演習を通じて確実に得点できるようにすること。

A41　正解—4

1 −誤　分断的技術は既存技術と異なる価値基準であるため、既存の市場から分断されて成長する。優良企業は既存技術で従来製品の持続的イノベーションを続けるが、新興企業の分断的技術を採用できず、最終的に新興企業との競争に敗れる（イノベーターのジレンマ）。ジレンマを有するのは、既存技術の優良企業のほうである。

2 −誤　企業内で本肢のような役割を果たすものはゲートキーパーと呼ばれる。重量級プロダクト・マネジャーは、製品統合性（プロダクト・インテグリティ）を高めるため、内部の統合（部門間調整）のみならず、外部の統合（製品コンセプト形成）も行う大きな権限を与えられた者をいう。

3 −誤　インテグラル型→標準化なし→部品間で調整・相互依存→製品機能の最適化。モジュラー型→標準化→部品の最適化・独立性→製品最適化は保証されない。

4 −正　研究開発から技術的成果獲得に至るまでの間にある「魔の川」、新技術獲得から製品開発に至るまでの間にある「死の谷」、事業を産業化・市場化するにあたっての「ダーウィンの海」が、イノベーションの3つの障壁として知られている。

5 −誤　フロント・ローディング（前倒し）は、初期工程に負荷をかけ、作業効率を高め品質向上を目指す手法。本肢は並行開発（コンカレント・エンジニアリング）の説明。

Q42 企業の投資の評価

問 企業の投資に関するＡ～Ｄの記述のうち、妥当なもののみをすべて挙げているのはどれか。 (国税専門官)

A 会計的利益率法では、投資案の利益率の測定に企業会計の手法を用いており、利益率の算定に当たっては恣意性が排除されるほか、貨幣の時間価値や投資リスクについても考慮する点に特徴がある。

B 回収期間法とは、投資に必要となる資金が何年で回収されるかを投資案評価の基準とするものである。ある投資案の回収期間を求め、これがあらかじめ設定した回収目標の年限よりも短いならば、その投資案は実施される。

C 内部利益率法とは、貨幣の時間価値と投資リスクの両方を考慮した投資案評価法である。近い将来のキャッシュ・フローを遠い将来のキャッシュ・フローよりも高く評価して内部利益率を求め、内部利益率が資本コストを上回る場合に、その投資案は実施される。

D 正味現在価値法では、ある投資案によって将来獲得されるキャッシュ・フローの現在価値を、資本コストを用いて計算し、その現在価値が投資額よりも小さい場合に、その投資案は採用される。

1 A **2** B **3** C **4** A、D **5** B、C

PointCheck

◉投資の評価⋯⋯⋯⋯⋯⋯⋯⋯⋯⋯⋯⋯⋯⋯⋯⋯⋯⋯⋯⋯⋯⋯⋯⋯⋯⋯⋯【★☆☆】

(1)貨幣の時間価値

貨幣の時間価値とは、同じ金額のお金であっても、将来のお金よりも現在のお金のほうが価値があるという考え方のことをいう。

(2)投資の評価方法

投資の評価方法には、以下のものがある。

　①回収期間法

　　回収期間法とは、投資額の回収にどれくらいの期間がかかるか計算し、回収期間が短い案ほど安全性が高いとして、投資案を評価する方法のことをいう。この方法によると、回収期間が目標回収期間を下回っている場合は投資案を採択し、回収期間が目標回収期間を上回っている場合は投資を棄却する。計算が容易で、なじみやすい点が長所である。時間的価値を考慮しておらず、回収期間内のキャッシュ・フローの発生するタイミングを考慮していない点、投資額を回収した後に発生するキャッシュ・フローを無視している点、目標回収期間の設定に客観性がない点が短所である。

　②会計的利益率法

　　会計的利益率法とは、投資額に対する年々のキャッシュ・フロー（年次回収額）の比率

を計算し、この比率の高い案ほど収益性が高いとして、投資案を評価する方法のことをいう。この方法によると、利益率が資本コストを上回る場合に投資案を採択し、利益率が資本コストを下回る場合に投資案を棄却する。計算が容易で、なじみやすい点が長所である。時間価値を考慮しておらず、利益の生まれるタイミングを考慮していない点、投資機会を収益額ではなく利益率で評価するため、投資の規模を考慮することができない点、利益の算定に経営者の判断が入る余地があるため恣意性（しいせい）を排除できない点が短所である。

③正味現在価値法

正味現在価値法とは、年々のキャッシュ・フロー（年次回収額）を現在価値に換算し、その合計額と総投資額とを比較して投資案を評価する方法のことをいう。この方法によると、正味現在価値がプラスの場合に投資案を採択し、正味現在価値がマイナスの場合に投資案を棄却する。貨幣の時間価値を考慮することができる点が長所である。

④内部利益率法

内部利益率法とは、正味現在価値がゼロとなる（投資額と年々のキャッシュ・フローの現在価値が一致する）割引率を求めて投資案を評価する方法のことをいう。この方法によると、内部利益率が資本コストを上回る場合に投資案を採択し、内部利益率が資本コストを下回る場合に投資案を棄却する。貨幣の時間価値を考慮することができる点が長所である。

Level up Point!

投資の評価方法の内容は、応用分野である。しかし、国税専門官試験を受験する者にとっては必修項目となる。

A42 正解ー5

A－誤　会計的利益率法では、利益率の算定にあたっては恣意性が排除されない。また、会計的利益率法は、貨幣の時間価値を考慮しない評価方法である。

B－正　回収期間法に関する妥当な記述である。なお、回収期間法は、貨幣の時間価値を考慮しない評価方法である。

C－正　内部利益率法に関する妥当な記述である。なお、内部利益率とは、投資案の正味現在価値をゼロにする割引率のことである。

D－誤　正味現在価値法では、正味現在価値が投資額よりも大きい場合にその投資案は採用され、その正味現在価値が投資額よりも小さい場合にその投資案は棄却される。

Level 1 p94〜p113　Level 2 p114〜p121

1 官僚制組織

Level 1 ▷ **Q43,Q48**

(1) M. ウェーバーの官僚制組織 ▶p94

　M. ウェーバーによると、官僚制組織とは、組織の目的を達成するための合理的なシステムのことをいう。官僚制組織には、①規則によって課業を配分する職務権限の原理、②集権性ならびに階層システム、③文書による課業の処理と記録、④課業遂行のための専門的訓練を受けたものが担当する専門性、⑤課業遂行の専従化、⑥公式的な非人格的課業遂行などの特徴がある。

(2) 官僚制の逆機能

　官僚制の逆機能とは、官僚制の原理を追求しすぎることによって組織の有効性を減少させてしまうことをいう。

(3) 官僚主義

　官僚主義とは、組織の中の規則や機構がもともとは目的追求に役立つものとして制定されたはずなのに、逆に目的追求を損ねている状態をいう。具体的には、①セクショナリズム、②規則万能主義、③事なかれ主義、④員数主義、⑤繁文縟礼などの現象が挙げられる。

2 命令系統の相違により分類した組織形態

Level 1 ▷ **Q46,Q47,Q49,Q51**
Level 2 ▷ **Q53〜Q55**

(1) ライン組織 ▶p100 ▶p110

　ライン組織(直系組織)とは、トップ階層の管理者から下層の作業者まで指揮命令系統が一貫している組織形態のことをいう。

(2) ファンクショナル組織 ▶p106

　ファンクショナル組織(機能式組織)とは、専門的知識・技能を要求する機能(職能)を担当する複数の上司から、それぞれの機能(職能)に関して指揮・命令を受ける組織形態のことをいう。

(3) ライン・アンド・スタッフ組織 ▶p102

　ライン・アンド・スタッフ組織とは、ラインの命令系統で命令の一元性を確保しつつ、スタッフの助言機能で専門性を生かす組織形態のことをいう。

(4) マトリックス組織 ▶p108

　マトリックス組織とは、2つの命令系統を持つ組織のことをいい、ツー・ボス・システムとも呼ばれる。

3 部門化の相違により分類した組織形態

Level 1 ▷ **Q44〜Q51**
Level 2 ▷ **Q53〜Q56**

(1)職能別組織 ▶p104

職能別組織（機能別組織、職能部門制組織、機能部門制組織）とは、組織区分に購買、製造、販売などの企業の職能（機能）を基準にして水平的に部門化した組織形態のことをいう。

(2)事業部制組織 ▶p96

事業部制組織とは、独立採算のプロフィット・センターとして機能する事業部を持つ組織形態のことをいう。これには、①環境変化に対する適応力が高く、各事業部は現場の状況に迅速に意思決定することができる、②トップ・マネジメントは戦略的な意思決定に専念することができる、③社内に競争意識が生じ、活性化する、④将来の経営者として人材育成を図ることができるという長所がある。一方、①事業部間でのセクショナリズムが生じやすい、②多重投資が行われ、経営活動が非効率となる、③各事業部ごとの利益追求が、会社全体の利益にかなうものとはならない可能性があるという短所がある。

(3)マトリックス組織

マトリックス組織とは、職能部門制と事業部制などの二元的な部門化基準により編成される横断的組織のことをいう。これには、①経営資源を効率的に活用することができる、②組織の情報処理能力と環境適応能力が向上するという長所があり、命令系統の二元化により組織構成員の混乱が生じるおそれがあるという短所がある。

4 コンティンジェンシー理論

Level 1 ▷ **Q48,Q50,Q52** Level 2 ▷ **Q54,Q56**

(1)コンティンジェンシー理論の意義 ▶p112

コンティンジェンシー理論とは、組織は唯一普遍的な組織形態を持つわけでなく、組織の置かれている環境や状況よって最適な組織形態が変わってくるという理論のことをいう。

(2)コンティンジェンシー理論の研究

① T. バーンズと G.M. ストーカーの機械的システムと有機的システム、② J. ウッドワードの技術と組織構造の関係、③ P.R. ローレンスと J.W. ローシュの課業環境と組織構造の関係、④ J.D. トンプソンの環境の不確実性と組織構造の関係。

5 組織文化

Level 2 ▷ **Q56**

(1)組織文化の意義 ▶p120

組織文化（企業文化、コーポレート・カルチャー）とは、組織構成員の間で共有された価値観、行動規範、行動様式、特有の雰囲気のことをいう。

(2)組織文化に関する研究

① T. ディールと A. ケネディーの研究、② T.J. ピーターズと R.H. ウォーターマンの研究、③ E.H. シャインによる研究。

Q43 官僚制の逆機能

> **問** 官僚制は合理的な管理を目的とした制度であるが、さまざまな逆機能（マイナス効果）も指摘されている。次の記述のうち、官僚制の逆機能を具体的に示す例として妥当なものはどれか。　　　　　　　　　　　　　　　　　　　　　　　　　　　　（国税専門官）

1 A社においては、情実や縁故による人材の起用が横行しており、有能な人材が活用されておらず、社員の間に不満がたまっている。

2 B社においては、社員が自分の担当以外の仕事に多くの労力を投入するため、本来の業務が停滞している。

3 C社においては、社内規定や手続きの遵守が必要以上に強調され、組織が非人間的なものとなっている。

4 D社においては、特定の上司が強い影響力を行使し、自分の部下のみならず他の部門の職員へも指示することから、組織が混乱している。

5 E社においては、社員の腐敗がはびこっており、取引先からのリベートの収受など不正な取引慣行が見られる。

PointCheck

●官僚制組織 ……………………………………………………………………【★★☆】

(1) M. ウェーバーの官僚制組織

M. ウェーバーによると、官僚制組織とは、組織の目的を達成するための合理的なシステムのことをいう。官僚制組織には、以下の特徴がある。

①規則によって課業を配分する職務権限の原理
②集権性ならびに階層システム
③文書による課業の処理と記録
④課業遂行のための専門的訓練を受けたものが担当する専門性
⑤課業遂行の専従化
⑥公式的な非人格的課業遂行

(2) 官僚制の逆機能

官僚制には、官僚制の原理を追求しすぎると、かえって組織が硬直化し不合理で非効率的な業務遂行となる弊害が発生することがある。R. マートンらが主張した官僚制の逆機能とは、このような官僚制の原理を追求しすぎることによって組織の有効性を減少させてしまうことをいう。

(3) 官僚主義

官僚主義とは、組織の中の規則や機構がもともとは目的追求に役立つものとして制定されたはずなのに、逆に目的追求を損ねている状態をいう。具体的には、以下のような現象が挙げられる。

①セクショナリズム

　セクショナリズムとは、組織の部署内の権限や利害に固執して、組織全体の最適化を図ることができなくなることをいう。

②規則万能主義

　規則万能主義とは、現実の課題に対して、規則がないから対応できないとする考え方のことをいう。

③事なかれ主義

　事なかれ主義とは、解決しなければならない問題が発生しているのに、それに関わろうとせず、放置することをいう。

④員数主義

　員数主義とは、本来の意図した目的に用いることができないものであっても、文書上、数の帳尻を合わせて、書類上の数値があっていればそれでよしとする考え方のこと。

⑤繁文縟礼

　繁文縟礼とは、規則が細かすぎて、手続きが煩雑なため、非効率になってしまうことをいう。

A43 　正解－3

1－誤　官僚制は、公式性という特徴を有している。情実や縁故による人材の起用が横行している状況は、公式性が維持されていないので、A社は官僚制組織といえない。

2－誤　官僚制は、専門性という特徴を有している。官僚制は、職務が専門化され、専門教育を受けた者がその職務を専従化するものであり、担当以外の職務を遂行することはないため、社員が自分の担当以外の仕事に多くの労力を投入する状況であるB社は官僚制とはいえない。

3－正　官僚制の逆機能に関する妥当な記述である。官僚制の逆機能とは、組織の中の規則や機構がもともとは組織の目的追求に役立つものとして制定されたはずなのに、逆に組織の目的追求を阻害している状態をいう。社内規定や手続きの遵守が必要以上に強調されているC社の例は、組織の目的追求を阻害しているので、官僚制の逆機能を示すものである。

4－誤　官僚制は、組織の合理性を追求するために、職務に関する権限と責任が明確化されているものであり、他の部門の職員へも指示することはない。自分の部下のみならず他の部門の職員へも指示する状況であるD社は官僚制とはいえない。

5－誤　官僚制は、組織の合理性を追求するために、組織メンバーの主観的な利害を排除し、組織構成員に客観的で合理的な行動を要請するものであり、公式性という特徴を有している。取引先からのリベートの収受など不正な取引慣行がみられるE社は官僚制とはいえない。

Q44 事業部制組織

問 事業部制組織に関する記述として、妥当なのはどれか。 （地方上級）

1 事業部制組織は、経営活動の流れに沿って職能別に専門化させた部門を設け、組織全体で事業の完結化を図ろうとする組織である。

2 事業部制組織では、現場の状況に即応した弾力的で迅速な意思決定ができないことから、各事業部は、短期的な利益の追求ができない。

3 事業部制組織では、各事業部に事業に対しての全般的な管理権限を持たせているが、各事業部は利益責任を負うことはない。

4 事業部制組織は、事業部ごとに分権化して運営させる組織形態であるため、業績評価が困難である。

5 事業部制組織では、事業部の幹部に独立会社に近い広い視野から経営をさせることができるため、有能な経営者の育成が可能である。

PointCheck

◉**事業部制組織**……………………………………………………………………………【★★★】

⑴事業部制組織の意義

事業部制組織とは、独立採算のプロフィット・センターとして機能する事業部を持つ組織形態のことをいう。複数の製品や事業ごとに部門化して、会社の中にあたかも小さな会社のような事業部を設置し、各事業部を独立採算のプロフィット・センター（事業利益単位）として機能させる組織分権的管理組織である。

これには、以下の長所、短所がある。

〈長所〉

①事業部における迅速な意思決定

トップ・マネジメントから事業部に対して、事業運営に関する権限の委譲がなされた分権的な組織であるため、環境変化に対する適応力が高く、各事業部は現場の状況に迅速に意思決定することができる。

②トップ・マネジメントの戦略的意思決定

事業部に対して事業部に関する全般的な権限を委譲することにより、トップ・マネジメントは戦略的な意思決定に専念することができる。

③競争原理による活性化

事業部に利益追求やコスト意識が高まり、社内に競争意識が生じ、活性化する。

④将来の経営者の育成

トップ・マネジメントから事業部に対して事業運営に関する権限の委譲がなされるため、将来の経営者として人材育成を図ることができる。

〈短所〉

①セクショナリズム

事業部間での人事交流が少なく、事業部間でのセクショナリズムが生じやすい。

②多重投資による非効率性

各事業部に同じような機能が存在することとなり、多重投資が行われ、経営活動が非効率となる。

③合成の誤謬

各事業部ごとの利益追求が、会社全体の利益にかなうものとはならない可能性がある。

(2)事業部制組織の構成

事業部制組織は、利益の稼ぎ手でプロフィット・センターとして機能する事業部、事業部を管理したり企業全体の経営を行ったりする本社機構、事業部をサポートするコスト・センターであるスタッフ部門から構成される。

①プロフィット・センター

自ら事業を行い、利益を生み出す事業利益単位のこと。

②コスト・センター

総務部、経理部、人事部などのような利益責任を課されないスタッフ業務部門のこと。

(3)事業部の部門基準

事業部を部門化する基準には、製品別、地域別、顧客別などがある。

A44 正解−5

1−誤 本肢は、事業部制組織ではなく、職能別組織のことである（**Q48** 参照）。

2−誤 事業部制組織では、トップ・マネジメントから事業部に事業運営に関する権限を委譲されているので、現場の状況に即応した弾力的で迅速な意思決定を行うことができる。一方で、各事業部は独立採算制によるプロフィット・センターとして利益責任が課せられているため、短期的な利益の追求を行いがちとなる。

3−誤 事業部制組織では、各事業部に事業に対しての全般的な管理権限を持たせ、それに対応して、各事業部は利益責任を負うことになる。

4−誤 事業部制組織は、事業部ごとに分権化して運営させるため、独立採算制によるプロフィット・センターとして、業績評価が容易に行われる。

5−正 事業部制組織に関する妥当な記述である。事業部制組織では、トップ・マネジメントから事業部に事業に対しての全般的な管理権限を委譲されているので、将来の有能な経営者の育成が可能となる。

Q45 多角化と事業部制組織

問 企業経営の多角化に関するA～Dの記述のうち、妥当なもののみをすべて挙げているのはどれか。 (国家一般)

A 企業は、専業化に伴うリスクの分散などを目的として、経営の多角化を行う。H.I. アンゾフは、多角化を経営戦略として位置付け、企業における意思決定を管理的決定と業務的決定の二種類に区別した上で、管理的決定とは、どのような事業を選択すべきかの決定、すなわち多角化の決定であるとした。

B シナジーとは技術、ノウハウ、知識など可変的経営資源の間の相乗効果をいう。シナジー発生の主な源泉は、水平的に分化した職能分野のいずれかで二つの事業の間に共通性や補完性があることであるが、生産技術、人事、財務などの職能とは異なり、特別な能力を必要とされる経営職能においてはシナジーが発生する余地はない。

C 多角化した事業への経営資源の配分を合理化するための一つの手法として、PPM（プロダクト・ポートフォリオ・マネジメント）がある。PPMでは、各事業を相対的マーケット・シェアと投資収益率の二つの次元によって構成されるマトリックスを用いて分析することにより、カスタマー・エクイティ（顧客生涯価値）の最大化が図られ、多角化した事業への経営資源の配分を合理的に決定できる。

D 事業部制組織は、多角化した複数の事業を管理するために生み出された組織構造であり、各事業を収益の責任単位として組織化を行う。事業部制組織は、職能別組織と比べると、各事業部が独立性を持っているため、事業環境の変化により迅速に対応できるとの長所がある一方、各事業部が類似した職能部門を持つため、組織的な重複が生ずるとの短所がある。

1 A **2** A、B **3** B、C **4** C、D **5** D

PointCheck

●事業部制組織 　繰り返し確認　 ....【★★★】

⑴事業部制組織の意義

事業部制組織とは、独立採算のプロフィット・センターとして機能する事業部を持つ組織のことをいう。

⑵事業部制組織の組織構造

事業部制組織は、以下のように、プロフィット・センターとして機能する事業部、事業部を管理したり企業全体の経営を行ったりする本社機構、事業部をサポートするコスト・センターであるスタッフ部門から構成される。

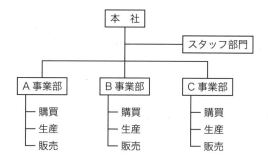

●**組織は戦略に従う** 理解を深める ……………………………………………………………【★★☆】

A.D. チャンドラーは、自著『経営戦略と組織（Strategy and Structure)』において、デュポン、ゼネラルモーターズ（GM）、ニュージャージー・スタンダード石油、シアーズ・ローバックの4社の分析を行い、環境変化に適応するよう戦略を策定し自らの組織形態を変えている企業が、産業において成功をおさめていることを発見し、多角化している企業は事業部制組織を採用していることを指摘した。このことから、彼は「組織は戦略に従う」という命題を主張した。

A45 正解―5

A－誤　H.I. アンゾフは、企業における意思決定を戦略的意思決定、管理的意思決定、業務的意思決定の3種類に区別した。どのような事業を選択すべきかの決定は、管理的決定ではなく、戦略的意思決定である（**Q62** 参照）。

B－誤　H.I. アンゾフは、販売シナジー、生産シナジー、投資シナジーに加え、経営管理シナジー（マネジメント・シナジー）の4つを挙げており、経営職能においてもシナジーが発生する（**Q17** 参照）。

C－誤　PPM では、各事業を相対的マーケット・シェアと投資収益率ではなく、相対的マーケット・シェアと市場成長率の2つの次元によって構成されるマトリックスを用いて分析される。また、PPM は、経営資源の配分を合理的に決定するが、カスタマー・エクイティ（顧客生涯価値）の最大化が図るものではない。なお、カスタマー・エクイティとは、企業の顧客全体の生涯価値のことをいい、全顧客が企業に支払う金額から企業が顧客を獲得し維持するためのコストを控除した額で表される。

D－正　事業部制組織に関する妥当な記述である（**Q44** 参照）。

Q46 経営組織

問 経営組織に関する次の記述のうち、妥当なのはどれか。　　　　　　　　　（国税専門官）

1　ライン組織は、命令系統が最上位から最下位まで一本のラインで結ばれているため直系組織とも呼ばれ、「命令一元化の原則」が徹底されている組織形態である。そのため、一つの命令のもと同じ行動をとる警察や消防などの組織として適しているとされる。

2　ファンクショナル組織は、職能別組織とも呼ばれ、「専門化の原則」により、管理職能の高度化の可能性を持つ組織形態である。また、各労働者は単一の職長の命令にのみ従うことから「命令一元化の原則」にも合致しているため、様々な分野で一般的にとられる組織形態である。

3　ライン・アンド・スタッフ組織は、企画・統制・人事などをライン部門とし、生産や販売などのメインの業務部門をスタッフ部門としてライン部門に付置する組織形態である。この組織形態では、ライン部門からスタッフ部門への命令権限があるとともに、スタッフ部門からライン部門への命令権限もある。

4　事業部制組織は、組織を製品・地域・市場の別に独立した事業部として分割し、その分割された単位ごとに独立の子会社を設立して運営させる組織形態である。この組織形態の長所としては、事業部ごとに独立採算が徹底されることから、全社的な資源の効率的利用や長期的展望に立った戦略がとれることなどがある。

5　プロジェクト・チームは、あるプロジェクトに関する企画と実施のうち、企画段階のみを担当する常設の組織形態である。よって、プロジェクト・チームは、あるプロジェクトが実施段階になると担当から外れ、次のプロジェクトを企画することになる。

PointCheck

●組織形態…………………………………………………………………………………【★★☆】
(1)命令系統の相違により分類した組織形態には、以下のようなものがある。
　　①ライン組織、②ファンクショナル組織、③ライン・アンド・スタッフ組織、④マトリックス組織
(2)部門化の相違により分類した組織形態には、以下のようなものがある。
　　①職能別制組織、②事業部制組織、③マトリックス組織

●ライン組織………………………………………………………………………………【★★★】
(1)ライン
　　ラインとは、組織の中で指揮・命令をする、指揮・命令を受ける関係にあるメンバーのことをいう。
(2)ライン組織の意義
　　ライン組織（直系組織）とは、トップ階層の管理者から下層の作業者まで指揮命令系統が

問題でPointを理解する
Level 1 **Q46**

第1章
第2章
第3章
第4章
第5章

一貫している組織形態のことをいう。

これには、以下の長所、短所がある。

〈長所〉

①部下は一人の上司にしか命令を受けることがないので、命令の一元性が徹底される。

②組織の規律維持が容易である。

〈短所〉

管理者の専門性が脆弱である。

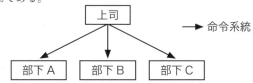

A46 正解―1

1―正 ライン組織に関する妥当な記述である。なお、ラインとは、命令をする・される
　　　という関係にあるものをいう。

2―誤 ファンクショナル組織は、専門的知識・技能を要求する機能（職能）を担当す
　　　る複数の上司から、それぞれの機能（職能）に関して指揮・命令を受ける組織
　　　形態である。よって、ファンクショナル組織では、各労働者は単一の職長の命
　　　令にのみ従うのではなく、複数の職長から命令を受けこれに従うことになり、
　　　「命令一元化の原則」には合致しない。また、さまざまな分野で一般的にとら
　　　れる組織形態ともいえない（**Q49**参照）。

3―誤 ライン・アンド・スタッフ組織は、ラインの命令系統で命令の一元性を確保し
　　　つつ、スタッフの助言機能で専門性を生かす組織形態のことをいう。ライン・
　　　アンド・スタッフ組織は、生産や販売などのメインの業務部門をライン部門と
　　　して、企画・統制・人事などをスタッフ部門とする。スタッフ部門からライン
　　　部門への命令権限はなく、スタッフ部門は助言・勧告を行う（**Q47**参照）。

4―誤 事業部制組織は、その分割された単位ごとに独立の子会社を設立して運営させ
　　　る組織形態ではなく、複数の製品や事業ごとに部門化して、会社の中にあたか
　　　も小さな会社のような事業部を設置するものである。また、各事業部に同じよ
　　　うな機能が存在することとなり、多重投資が行われ、経営活動が非効率となる
　　　ため、全社的な資源の効率的利用は難しい（**Q44**参照）。

5―誤 プロジェクト・チームは、ある目的を達成するために、いくつかの関連部門か
　　　ら組織横断的にメンバーを選抜した臨時的な組織のことをいい、常設の組織形
　　　態ではない。また、プロジェクト・チームは、あるプロジェクトに関する企画
　　　と実施のうち、企画段階のみを担当するものとは限らず、実施段階を担当する
　　　こともある（**Q48**参照）。

Q47 経営組織全般

問 経営組織に関する次の記述のうち、妥当なのはどれか。 (国家一般)

1 　職能部門制組織とは、企業が持つ基本的な職能を単位として編成された組織である。専門化の原則に従って、担当部門の権限と責任は部門長に集中している。それゆえ、部門間のコンフリクトは発生せず、また各事業の利益責任も明確である。

2 　事業部制組織とは、事業を単位として編成された組織である。事業を多角化した企業の組織形態としては、マトリックス組織に移行するまでの中間段階の形態として位置付けられる。事業部長はその事業部の運営についての権限を持つが、利益責任を負うことはない。

3 　アメリカ合衆国のフォード社は、他の自動車メーカーを次々に買収して傘下に組み入れる形で多角化し、マトリックス組織として再編成した。H.I. アンゾフはフォード社の事例を研究して、「組織は戦略に従う」という命題を導いた。

4 　ライン・アンド・スタッフ組織では、決定と命令の権限関係が比較的明確であるライン組織に対して、専門的な知識や技術を持つスタッフ組織が助言を与える。ただし、助言の採否を決めるはライン組織であり、スタッフのパワーが強くなりすぎると命令一元化の原則が阻害される。

5 　企業の組織をトップ・マネジメント、ミドル・マネジメント、ロアー・マネジメントから成るピラミッド型の経営階層ととらえた場合、ミドルの意思決定は、ロアーと異なり、反復的な社内向けのものであり、その大部分が定型化されている。

PointCheck

◉ライン・アンド・スタッフ組織‥‥‥‥‥‥‥‥‥‥‥‥‥‥‥‥‥‥‥‥‥‥‥‥‥【★★★】

⑴スタッフ
　スタッフとは、命令をする・命令をされるという関係にあるものではなく、専門的な立場から助言・勧告を行うものをいう。

⑵ライン・アンド・スタッフ組織
　ライン・アンド・スタッフ組織とは、ラインの命令系統で命令の一元性を確保しつつ、スタッフの助言機能で専門性を生かす組織形態のことをいう。
これには、以下の長所、短所がある。

〈長所〉
　命令の一元性が保持すると同時に、専門性が確保される。

〈短所〉
　ライン管理者とスタッフ職員の対立のおそれがある。

問題でPoint を理解する
Level 1 Q47

第1章
第2章
第3章
第4章
第5章

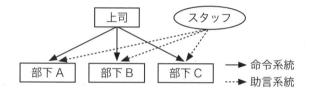

●**経営学説と組織形態** 理解を深める ‥‥‥‥‥‥‥‥‥‥‥‥‥‥‥‥‥‥‥‥‥‥‥‥‥‥‥‥【★☆☆】

　ライン組織は、H. ファヨールの主張した 14 の管理原則のうち、命令の一元化の原則を追求することと整合した組織であるといえる。

　ファンクショナル組織は、F.W. テイラーが主張した職能別職長制を追求することと整合した組織であるといえる。

A47 正解－4

1 －誤　職能部門制組織では、専門化の原則に従い部門間のコンフリクトが発生するおそれがあるため、部門間の調整が必要となる（**Q48** 参照）。

2 －誤　事業部制組織は、マトリックス組織に移行するまでの中間段階の形態ではない。また、事業部は利益責任を負うプロフィット・センターであるため、事業部長はその事業部の運営について利益責任を負う（**Q44** 参照）。

3 －誤　「組織は戦略に従う」という命題を導いたのは、H.I. アンゾフではなく、A.D. チャンドラーである。A.D. チャンドラーは、フォード社ではなく、ゼネラルモーターズなどを分析して、この命題を主張した（**Q15** 参照）。

4 －正　ライン・アンド・スタッフ組織に関する妥当な記述である。ラインとは、命令をする・命令をされるという関係にあるものをいい（**Q46** 参照）、スタッフとは、専門的な立場から助言・勧告を行うものをいう。

5 －誤　反復的な社内向けの、定型化されている意思決定は、ミドルではなく、ロアーの意思決定である（**Q62** 参照）。

Q48 組織構造

問 **組織構造に関する次の記述のうち、妥当なのはどれか。** （国税専門官）

1 M. ウェーバーは官僚制組織の持つ機能障害的な側面、すなわち、職務の専門化及び階層化に伴う繁文縟礼やセクショナリズムなどの機能障害に注目し、これを「官僚制の逆機能」と呼んだ。この「官僚制の逆機能」は、官庁組織における機能障害を意味し、一般企業における同様の機能障害を意味する「大企業病」とは区別されている。

2 職能別組織とは、企業の主要職能をもとに組織を編成する方法であり、専門化の利益を享受できるというメリットが挙げられる一方で、部門間のコンフリクトが発生しやすいというデメリットが挙げられる。

3 A.D チャンドラーは、『経営戦略と組織』の中で、「戦略は構造に従う」という命題を主張した。この命題によれば、事業部制という組織構造を選択した結果として、多くの場合、事業の多角化という企業の戦略が生み出されることになる。

4 マトリックス組織とは、職能軸と事業軸という二つの軸を用いた二元的な組織であり、組織内部の権力関係や情報の流れが整理されるといったメリットが挙げられる。

5 P.R. ローレンスと J.W. ローシュは、コンティンジェンシー理論の立場から、企業の分化と統合を説明する理論を展開し、どのような組織にも共通する普遍的・理想的な組織編成が存在すると主張した。

PointCheck

◉職能別組織 ……………………………………………………………………【★★☆】

(1)職能別組織の意義

職能別組織（機能別組織、職能部門制組織、機能部門制組織）とは、組織区分に購買、製造、販売などの企業の職能（機能）を基準にして水平的に部門化した組織形態のことをいう。職能別組織は、集権的管理組織である。

これには、以下の長所、短所がある。

〈長所〉

①専門性が確保される。

②集権的なため、同質的環境下では能率的である。

〈短所〉

①部門間のコンフリクトが発生しやすい。

②集権的なため、環境の変化に対応しにくい。

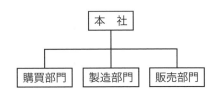

問題でPointを理解する
Level 1 Q48

第1章

第2章

第3章

第4章

第5章

◉プロジェクト・チーム……………………………………………………………【★★☆】
⑴プロジェクト・チームの意義
　プロジェクト・チームとは、ある目的を達成するために、いくつかの関連部門から組織横断的にメンバーを選抜した臨時的な組織のことをいう。
⑵プロジェクト・チームの特徴
　プロジェクト・チームは、ある特別な目的を達成し課題を解決するのに適している。目的を達成するために招集されたメンバーの構成は流動的で、通常、目的を達成したらチームは解散し、メンバーはもとの所属していた部門に戻る。
⑶職能別組織＋プロジェクト・チーム
　職能別組織においてプロジェクト・チームを採用すると、集権的組織の中に一部だけ分権的性格を取り入れることが可能となる。

A48 正解—2

1—誤　官僚制の逆機能は、R. マートンらによって主張され、一般企業における同様の機能障害を意味する大企業病も含まれる（**Q43** 参照）。

2—正　職能別組織に関する妥当な記述である。なお、職能別組織は、職能部門制組織とも呼ばれる。

3—誤　A.D. チャンドラーは、「組織構造は戦略に従う」という命題を主張した。この命題によれば、「事業の多角化」という企業の戦略を選択した結果、「事業部制」という組織構造が生み出されると考える（**Q15**、**Q45** 参照）。

4—誤　マトリックス組織は、2つの命令・指揮系統がある組織であり、2つの軸によって管理される二元的な組織である。ツー・ボス・システムともいわれるが、マトリックス組織には、組織内部の権力関係や情報の流れが整理されるのではなく、混乱するおそれがあるといったデメリットも挙げられる（**Q50** 参照）。

5—誤　P.R. ローレンスと J.W. ローシュは、コンティンジェンシー理論の立場から、どのような組織にも共通する普遍的・理想的な組織編成は存在しないと主張し、課業環境の不確実性の程度が異なると有効な組織特性も異なることを実証分析により示した（**Q52** 参照）。

Q49 企業の組織形態

問 企業の組織形態に関する記述として、妥当なのはどれか。 (地方上級)

1 プロジェクト組織は、製品の開発などの目的達成のために、各部門の専門家を集めて編成される恒常的な組織形態であり、目標が明確なため、メンバーのモチベーションが高まり、組織能率が向上する。

2 事業部制組織は、製品別や地域別などに部門化された事業部が、自立的な経営単位を形成する組織形態であり、各事業部は、トップ・マネジメントに対して利益責任を負うことはない。

3 マトリックス組織は、安定性のある職能別組織を縦軸に、機動性のある目的別の横断的組織を横軸に組み合わせた組織形態であり、環境への変化への対応や人的資源の活用に優れている。

4 カンパニー制は、組織を職能別に部門化して、それぞれの職能部門に包括的な裁量権を移譲した分権的な組織形態であり、ライン・アンド・スタッフ型の職能別組織の発展形態である。

5 ファンクショナル組織は、社内で企業家精神を持った有能な人材を募ることにより、新しく設置される独立性の高い事業部創造型の組織形態であり、リーダーには、事業創造に関する広範な権限と資源が与えられている。

PointCheck

●カンパニー制 ･･･【★☆☆】

カンパニー制とは、事業部を分社化した組織形態のことをいう。これは、アメリカ企業の事業部制にみられる分権化が進んだインベストメント・センターと同様のものとみなされている。このインベストメント・センターとは、権限の委譲が大幅に進んだ事業部制組織であり、擬似仮想的な独立子会社（カンパニー）とみなされて本社から資本金が割り当てられ、独立した期間損益計算を行い、本社に対して利益配当を行う組織のことをいう。カンパニー制には本社から包括的な裁量権が与えられている点が特徴である。

●ファンクショナル組織 ･･････････････････････････････････････【★★☆】

(1)機能

機能（職能）とは、材料の購買、製品の生産、製品の販売など主な経営活動のことをいう。

(2)ファンクショナル組織の意義

ファンクショナル組織（機能式組織）とは、専門的知識・技能を要求する機能（職能）を担当する複数の上司から，それぞれの機能（職能）に関して指揮・命令を受ける組織形態のことをいう。

これには、以下の長所、短所がある。

〈長所〉

　管理者の専門化がなされる。

〈短所〉

　部下は複数の上司から命令を受けるため、命令の一元性がない。

⑶職能別組織との相違

　ファンクショナル組織は、管理者の職能は専門化されているが、職能別組織のように職能別の部門化はなされていない。

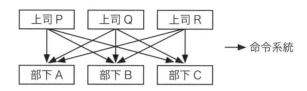

A49　正解一3

1 ―誤　プロジェクト組織は、ある目的達成のために、各部門の専門家を集めて編成される臨時的な組織形態であって、恒常的な組織形態ではない（**Q48** 参照）。

2 ―誤　事業部制組織における各事業部は、トップ・マネジメントに対して利益責任を負うプロフィット・センターとして位置づけられる（**Q44** 参照）。

3 ―正　マトリックス組織に関する妥当な記述である（**Q50** 参照）。

4 ―誤　カンパニー制は、社内分社制の一種で、各事業部門をあたかも独立した会社のように分け、事業を運営する仕組みである。カンパニー制は、組織を職能別に部門化したものというわけではなく、ライン・アンド・スタッフ型の職能別組織の発展形態であるともいえない。

5 ―誤　本肢は、ファンクショナル組織ではなく、社内ベンチャーのことである（**Q06** 参照）。

Q50 組織の構造

問 組織の構造に関する次の記述のうち、妥当なのはどれか。 （国家一般）

1　事業部制組織とは、総合本社が製品別又は地域別に作られた現業部門の業務を、計画、調整、評価し、必要な人員、設備、資金などを割り当てる組織である。各事業部が、ほとんどの機能を自己完結的に保有するので集権制とも呼ばれ、資本調達の権限も有するため実質的には子会社と同じことになる。

2　職能別組織とは、人事、製造、技術、販売といった職能ごとに部門を設置し、各部門が自己の職能領域について全面的な責任を持つ組織である。職能別組織には事業部制に比べて、部門間の競争を通じて将来の経営者候補を育成しやすいというメリットがあるが、短期的利益を追求し長期的な健全性が軽視されやすいというデメリットも指摘されている。

3　マトリックス組織は職能別組織をベースに、環境変化に対して硬直的であるという職能別組織のデメリットを克服するために、各職能部門を横断するような製品別・地域別の指示・命令系統を導入したものである。しかし、マトリックス組織はいわゆるツーボス・モデルとなるため、コンフリクトが発生しやすく運用が困難であるとされる。

4　持株会社は、第二次世界大戦前の財閥がその典型であるが、戦後も国内では引き続き多くの企業で採用されてきた。持株会社制度のもとでは、事業ごとに別会社が存在するので、持株の売却だけで事業再編が可能になるというメリットがあり、これが持株会社設立の主要な目的となっている。しかし、税制面では、連結納税制度が適用されるため、企業にとって不利であるとされる。

5　コンティンジェンシー理論とは、「機構は戦略に従う」というチャンドラーの命題をもとに、組織と環境との相互作用を扱った一連の研究である。コンティンジェンシー理論によって、変化が激しく不確実性の高い環境にある企業は、部門ごとの分化の程度を低く抑え、企業全体としては複雑性の低い統合システムを整備することが明らかになった。

PointCheck

◉マトリックス組織 ･･･【★★★】

⑴マトリックス組織の意義

　マトリックス組織とは、職能部門制と事業部制などの二元的な部門化基準により編成される横断的組織のことをいう。これは、2つの命令系統を持つので、ツー・ボス・システムとも呼ばれる。

　これには、以下の長所、短所がある。

〈長所〉

　①経営資源を効率的に活用することができる。

　②組織の情報処理能力と環境適応能力が向上する。

〈短所〉
命令系統の二元化により組織構成員の混乱が生じるおそれがある。

●持株会社 理解を深める ……………………………………………【★☆☆】
　持株会社とは、経営支配を目的として、複数の企業の株式を保有し、本社機能に特化した会社形態をいう。持株会社は、ホールディング・カンパニー (holding company) と呼ばれる。日本における第二次世界大戦前の持株会社は、財閥があらゆる産業にわたるコングロマリットを形成し、産業を支配するという様相であった。戦後、財閥は解体され、事業を行わない純粋持株会社は独占禁止法によって禁止された。しかし、国際競争の激化に伴い、日本企業が機動的に組織を再編する必要性が生じてきたため、平成9年に純粋持株会社は部分的に解禁された。

A50 正解ー3

1ー誤　事業部制組織では、各事業部に分権的に事業に関する権限が委譲される。また、資本調達の権限はない場合が多く、実質的には子会社とはいえない。

2ー誤　職能別組織は集権的な組織であるので、事業部制に比べて、将来の経営者候補を育成しにくいというデメリットがある（**Q44** 参照）。

3ー正　マトリックス組織に関する妥当な記述である。

4ー誤　持株会社は、第二次世界大戦後も多くの企業で採用されてきたわけではない。戦後、過度の経済集中を招くとして、財閥は解体され、事業を行わない純粋持株会社は独占禁止法によって禁止されたが、平成9年に部分的に解禁された。連結納税制度とは、企業集団全体を1つの課税単位とする制度であるため、企業集団内に赤字会社がある場合、税制面で企業にとって不利であるとはいえない。

5ー誤　P.R. ローレンスと J.W. ローシュのコンティンジェンシー理論によると、変化が激しく不確実性の高い環境にある企業は、部門ごとの分化の程度が高くなり、企業全体としては複雑性の高い統合システムが必要となる（**Q52** 参照）。

Q51 組織形態

問 組織形態に関する記述として、妥当なのはどれか。 　　　　　　　　　(地方上級)

1　事業部制組織は、製品、地域、顧客などを基準として事業部が編成される組織であり、それぞれの事業部は、プロフィット・センターとして利益責任を負うとされる。
2　職能別組織は、職能を単位として部門が配置される組織であり、職能の専門化によって事業活動が効率的に行われるため、事業部制組織に比べて、トップ・マネジメントの負担が小さいとされる。
3　プロジェクト組織は、特定の課題を解決するために編成される組織であり、組織内から様々な人材が集められるため、セクショナリズムに陥り、機動力に欠けることが多いとされる。
4　マトリックス組織は、事業部制組織と職能別組織とを組み合わせた組織であり、両者の長所を持ち合わせ、事業部制組織や職能別組織よりも組織の管理費用を軽減できるとされる。
5　ライン・アンド・スタッフ組織は、ライン組織とスタッフ組織とを組み合わせた組織であり、原則としてスタッフはライン組織に対する直接の命令権を有するため、管理者の負担を軽減できるとされる。

PointCheck

◉組織形態　　繰り返し確認 ・・【★★★】
主な組織形態についてまとめると、以下のようになる。

①ライン組織 （直系組織）	トップ階層の管理者から下層の作業者まで指揮命令系統が一貫している組織形態。	長所	・命令の一元性の確保 ・組織の規律維持が容易
		短所	・管理者の専門性が脆弱
②ファンクショナル組織 （機能式組織）	専門的知識・技能を要求する機能を担当する複数の上司から、それぞれの機能に関して指揮・命令を受ける組織形態。	長所	・管理者の専門化
		短所	・命令の一元性がない
③ライン・アンド・スタッフ組織	ラインの命令系統で命令の一元性を確保しつつ、スタッフの助言機能で専門性を生かす組織形態。	長所	・命令の一元性が保持すると同時に専門性が確保される
		短所	・ラインとスタッフの対立のおそれ

④マトリックス組織 （ツー・ボス・システム）	二元的な部門化基準により編成される横断的組織で、2つの命令系統を持つもの。	長所	・効率的な経営資源の活用 ・組織の情報処理能力と環境適応能力の向上
		短所	・組織構成員の混乱
⑤職能別組織 （機能別組織、職能部門制組織、機能部門制組織）	企業の職能（機能）を基準にして水平的に部門化した組織形態。	長所	・専門性の確保 ・同質的環境下では能率的
		短所	・部門間のコンフリクト ・環境の変化に対応しにくい
⑥プロジェクト・チーム （プロジェクト組織）	ある目的を達成するために、いくつかの関連部門から組織横断的にメンバーを選抜した臨時的な組織。	長所	・目的達成への機動力 ・集権的組織のへの分権的性格の取入れ
		短所	・臨時的な組織形態
⑦事業部制組織	独立採算のプロフィット・センターとして機能する事業部を持つ組織形態。	長所	・事業部における迅速な意思決定 ・トップマネジメントの戦略的意思決定 ・競争原理による活性化 ・将来の経営者の育成
		短所	・セクショナリズム ・多重投資による非効率性 ・合成の誤謬

第1章 第2章 第3章 第4章 第5章

A51 正解－1

1－正 事業部制組織に関する妥当な記述である（**Q44**参照）。

2－誤 職能別組織は集権的な組織であり、事業部制組織は分権的な組織であるので、職能別組織は事業部制組織に比べて、トップ・マネジメントの負担が大きいとされる（**Q44**、**Q48**参照）。

3－誤 プロジェクト組織は、集権的組織の中に一部だけ分権的性格を取り入れることが可能となつので、組織を活性化することができ、機動力も大きい（**Q48**参照）。

4－誤 マトリックス組織とは、職能部門制と事業部制などの複数の部門化基準により編成される横断的組織のことであるが、2つの命令系統の軸にはいろいろな組合せがあり、事業部制組織と職能別組織とを組み合わせたものとは限らない（**Q50**参照）。

5－誤 スタッフはライン組織に対する直接の命令権を有さず、助言・勧告を行う（**Q47**参照）。

Q52 コンティンジェンシー理論

問 コンティンジェンシー理論に関する記述として、妥当なのはどれか。 （地方上級）

1 コンティンジェンシー理論では、人が課題の達成に取り組む姿勢の強さは、その人の達成をめざす基本的動機、達成への期待及び誘因の価値の関数であるとする。

2 コンティンジェンシー理論では、組織というシステムが機能するためには、協働に対する積極的意思、組織の共通目標及びコミュニケーションの3要素が必要である。

3 コンティンジェンシー理論では、取引が市場で行われた場合と内部組織で行われた場合との取引コストを比較することによって、市場と組織との選択が行われるとする。

4 コンティンジェンシー理論では、依頼人と代理人が契約関係にあるとき、依頼人がどのようにして代理人の報酬構造を設計するかは、依頼人がどのようにして代理人の行動を観察するかにあるとする。

5 コンティンジェンシー理論では、あらゆる組織にとって有効かつ普遍的な組織原理の確立をめざした古典的管理理論に対して、組織の置かれた環境や採用する技術が異なれば、それに適合する組織構造もそれぞれに異なってくるとする。

PointCheck

●コンティンジェンシー理論··【★★★】

(1)コンティンジェンシー理論の意義

コンティンジェンシー理論とは、組織は唯一普遍的な組織形態を持つわけでなく、組織の置かれている環境や状況よって最適な組織形態が変わってくるという理論のことをいう。

(2) T. バーンズと G.M. ストーカーの機械的システムと有機的システム

T. バーンズと G.M.ストーカーは、1950 年代から 1960 年代にかけてエレクトロニクス企業 15 社の事例研究から、以下の組織構造の2つのタイプの発見し、最もよく環境に適合する組織構造は環境状況によって異なると主張した。

①機械的システム

機械的システムとは、高度に構造化され、集権的で、官僚制のような特性を持った組織構造のことで、これは安定的な環境下で好業績をおさめる。

②有機的システム

有機的システムとは、組織構造がルーズで、分権的、コミュニケーションが活発で、文書によらない課業の遂行や柔軟な課業配分などの非官僚制的な特性を持った組織構造のことで、これは、不安定な環境下で好業績をおさめる。

(3) J. ウッドワードの技術と組織構造の関係

J. ウッドワードは、技術と組織構造の関連を調査し、以下のように主張した。

①単品・小バッチ生産のケースでは、有機的システムが有効である。

※バッチとは、一定の数量、ロットのこと。

②大バッチ・大量生産のケースでは、機械的システムが有効である。

③装置生産のケースでは、有機的システムが有効である。

(4) P.R. ローレンスと J.W. ローシュの課業環境と組織構造の関係

　P.R. ローレンスと J.W. ローシュは、課業環境の不確実性の程度が異なると有効な組織特性も異なると主張した。彼らは、課業環境がより不確実で多様なケースだと、より分化が進展し、部門間の組織特性の差異の程度が高くなり、より強力な統合がなされ、組織全体の共通目的達成のための協働を促す力が働くことを指摘した。

(5) J.D. トンプソンの環境の不確実性と組織構造の関係

　J.D. トンプソンは、環境の不確実性と組織構造の適合関係について、以下のように主張した（組織は中核であるテクニカルコアを保護して不確実性に対応する）。

　①環境が安定しており同質の場合、少数の職能部門が適合的である。

　②環境が安定しており異質の場合、多数の職能部門が適合的である。

　③環境が不安定で同質の場合、地域別分権化が適合的である。

　④環境が不安定で異質の場合、分権化が適合的である。

知識を広げる

プリンシパル・エージェンシー理論

　プリンシパル（依頼人）がエージェント（代理人）の行動を監視できない状況においては、エージェントはプリンシパルの利益に反してエージェント自身の利益を優先した行動を選択してしまうという問題が発生する。このような問題が発生しないようにするためにはいかにしたらよいかなどを明らかにする理論を、プリンシパル・エージェンシー理論という。

A52 正解－5

1－誤　本肢のような主張は、コンティンジェンシー理論ではなく、V.H. ブルームの期待理論の考え方である。

2－誤　協働に対する積極的意思、組織の共通目標、コミュニケーションの3要素が必要であるとするのは、コンティンジェンシー理論ではなく、C.I. バーナードの組織均衡論の考え方である（**Q60** 参照）。

3－誤　市場と組織との選択に関する本肢の主張は、コンティンジェンシー理論ではなく、R.H. コースが提唱し、O.E. ウィリアムソンがモデル化した取引コスト理論の考え方である（**Q36** 参照）。

4－誤　依頼人と代理人の有する情報の問題を理論化するのは、プリンシパル・エージェンシー理論の考え方である。

5－正　コンティンジェンシー理論に関する妥当な記述である。なお、コンティンジェンシー理論は、状況適応理論と呼ばれることもある。

Q53 経営組織

問 経営組織に関する次の記述のうち、妥当なのはどれか。 （国税専門官）

1 ファンクショナル組織は、下位者が専門職能を担当する単独の上司からのみ命令を受ける組織形態であり、専門化の原則によっているため管理者の負担が軽減されるほか、命令の重複や矛盾が生じにくいという長所がある。

2 ライン・アンド・スタッフ組織は、執行職能と管理職能を含んだライン組織に、その管理職能が円滑に行えるように専門的知識をもって決定や命令を行うスタッフ組織を付け加えた組織形態であるが、その決定や命令に当たって、ラインとスタッフとの間での権限や責任が明確でないという短所がある。

3 職能部門制組織は、生産、販売、財務などのように、同種の専門的な知識を必要とする仕事単位に職能分化されたものをそれぞれ部門化して編成される組織形態であるが、過度の専門化が進むと部門間のセクショナリズムが生じ、調整コストが増大するという短所がある。

4 事業部制組織は、製品別、地域別、顧客別などの基準で部門化した各グループを事業部とし、これらを本社機構が全般的に管理する組織形態であり、本社機構が戦略的な意思決定から解放され業務的な意思決定に専念できるという長所がある。

5 マトリックス組織は、組織の階層を考えない新しい組織編成原理に基づいて形成され、自律的な単位を横断的かつ相互補完的に結び付けて組織ネットワークを形成する組織形態であり、基本的には命令系統を持たないという特徴がある。

PointCheck

●ネットワーク組織…………………………………………………………………………【★☆☆】

ネットワーク組織とは、複数の独立した企業が相互に緩やかに結合している組織形態のことをいう。

これには、以下の長所、短所がある。

〈長所〉

極めて柔軟性が高い。

〈短所〉

組織としての統制が弱い。

問題でPointを理解する
Level 2 **Q53**

第1章

第2章

第3章

第4章

第5章

◉**職能別組織と事業部制組織**　繰り返し確認 …………………………【★★★】

職能別組織と事業部制組織を比較して整理すると、以下のようになる。

	職能別組織	事業部制組織
定　義	企業の職能（機能）を基準にして水平的に部門化した組織形態	独立採算のプロフィット・センターとして機能する事業部を持つ組織形態
権　限	集権的	分権的
製品構成	少ない	多角化
長　所	・専門性の確保 ・同質的環境下では能率的	・事業部における迅速な意思決定 ・トップマネジメントの戦略的意思決定 ・競争原理による活性化 ・将来の経営者の育成
短　所	・部門間のコンフリクト ・環境の変化に対応しにくい	・セクショナリズム ・多重投資による非効率性 ・合成の誤謬

Level up Point!　組織形態については、ライン組織、ファンクショナル組織、ライン・アンド・スタッフ組織、マトリックス組織、職能別制組織、プロジェクト・チーム、事業部制組織などの各特徴を問う総合的な全般問題が頻出であるが、特に、職能別制組織と事業部制組織に関しては、対比させてその特徴を理解しておく必要がある。

A53 正解－3

1－誤　ファンクショナル組織は、命令の重複や矛盾が生じやすいという短所がある（**Q49**参照）。

2－誤　スタッフは、ライン組織に対して、指揮・命令は行わず、助言・勧告を行う（**Q47**参照）。

3－正　職能部門制組織に関する妥当な記述である。なお、職能部門制組織は、職能別組織とも呼ばれる（**Q48**参照）。

4－誤　事業部制組織は、本社機構から事業部へ事業経営に関する権限を委譲するため、本社機構が業務的な意思決定から解放され、戦略的な意思決定に専念できるのである（**Q44**参照）。

5－誤　マトリックス組織は、ツー・ボス・システムともよばれ、2つの命令系統を持つ（**Q50**参照）。

Q54 組織構造

経営組織に関するA～Dの記述のうち、妥当なもののみをすべて挙げているのはどれか。

(国税専門官)

A A.D. チャンドラーは、デュポン社等の組織変更の歴史を分析し、職能別組織の限界を克服するために事業部制組織が生み出され、この発展により企業において多角化という戦略をとることができるようになったことを発見し、これを「戦略は構造に従う」という命題として主張した。

B マトリックス組織とは、組織の全体的な編成を事業部と職能などにより二元的に行うものである。これは、事業部制組織に存在する、事業部間に共通する資源や職能の利用の非能率さを解消するために考えられた組織構造であるが、パワー関係や情報の流れが複雑になるなどの欠点があり、実際には機能しにくいとされる。

C T. バーンズとG.M. ストーカーは、英国の職場組織の研究により、組織構造には、ピラミッド型の権限構造等を特徴とする機械的組織と水平的に協働関係が発展した柔軟な構造等を特徴とする有機的組織の二つの類型があるとし、有機的組織が安定した環境の下での仕事に適していることを発見した。

D 組織のフラット化とは、H.A. サイモンが提唱した管理原則の一つであり、メンバー同士の水平的なつながりが、階層組織の「架け橋」として機能することにより、分業等により縦割りとなっている階層組織内における情報伝達の効率性を高め、組織内対立を予防することで、効率的な意思決定を導くことをいう。

1 B **2** D **3** A、B **4** A、C **5** C、D

PointCheck

●フラット組織‥‥‥‥‥‥‥‥‥‥‥‥‥‥‥‥‥‥‥‥‥‥‥‥‥‥‥‥‥‥‥‥‥‥【★☆☆】
フラット組織の意義

フラット組織（文鎮型組織）とは、統制の範囲を拡大し、階層を減らした組織形態のことをいう。フラット組織では、コンピュータなどの情報機器を導入して管理者の情報処理負担を減らしている。

これには、以下の長所、短所がある。

〈長所〉
①階層が減ることで、情報伝達の迅速性を確保することができる。
②無駄な管理者ポストを減少させることができる。

〈短所〉
従業員の昇進意欲を疎外する。

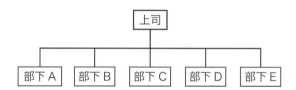

A54 正解—1

A—誤 A.D. チャンドラーは、事業の多角化戦略を選択した結果、事業部制という組織構造が生み出されると考え、「組織構造は戦略に従う」という命題として主張した（**Q15**、**Q45** 参照）。

B—正 マトリックス組織に関する妥当な記述である（**Q50** 参照）。なお、マトリックス組織における二元的な軸は事業部と職能だけに限られるわけではない（**Q55** 参照）。

C—誤 T. バーンズと G.M. ストーカーは、有機的組織は不安定な環境の下での仕事に適しており、機械的組織が安定した環境の下での仕事に適していることを発見した（**Q52** 参照）。

D—誤 階層組織の「架け橋（渡り坂）」の重要性を指摘したのは、H.A. サイモンではなく、H. ファヨールである。H. ファヨールによると、縦割り組織においてコミュニケーションを円滑にするためには、階層組織ごとに情報交換が行われるヨコのつながりが必要とされる。

Level up Point! 組織形態については、ライン組織、ファンクショナル組織、ライン・アンド・スタッフ組織、マトリックス組織、職能別制組織、プロジェクト・チーム、事業部制組織などが典型的な重要頻出項目であるが、ネットワーク組織、フラット組織、持株会社など応用的な項目に関して詳細な知識が試されることもある。

117

Q55 経営組織全般

問 経営組織に関する次の記述のうち、妥当なのはどれか。 （国税専門官）

1 職能別組織は、大量生産・大量消費時代の到来とともに誕生したものであり、それまで一般的であった近代官僚制組織とは異なる組織形態である。この組織形態においては、過度の集権化を招きやすいトップ・マネジメントに対して、これを補佐しながら命令も行う部署が設置され、権限と責任の分散化が図られている。

2 事業部制組織においては、製品別や地域別といった市場ごとにコスト・センターとしての事業部が置かれ、その内部に製造・販売などの各部門が組織される。この場合、本社又は本部の運営の基本は、各事業部を統一的な指標で評価することであり、売上高による評価方式が最も一般的である。

3 我が国では「カンパニー制」と呼ばれる組織形態がみられる。その運営形態は様々であるが、例えば、内部資本金を割り当てることにより、各事業部を一つの「カンパニー」として位置付けるとともに、各カンパニーの長に大幅な権限の委譲を行う点に特徴があり、分権化が進んだ事業部制組織であるといえる。

4 マトリックス組織は、縦に職能別の部門化を、横に製品別・地域別といった事業分野別の部門化を展開し、責任と権限の流れが縦横に形成される組織形態である。これは、ライン・アンド・スタッフ組織とも呼ばれるが、ラインの命令系統とスタッフの命令系統が重複し、意思決定にコンフリクトが生じやすいといった問題点がある。

5 M.ハマーやJ.チャンピーにより提唱されたビジネス・プロセス・リエンジニアリング（BPR）は、原価削減や品質・サービスの向上を図るために組織体系を根本的に見直し再設計することである。彼らが主張するその方法の特徴としては、複数部門にまたがる共通課題に対処するためにドライビング・フォースと呼ばれる特命部隊を設置し、組織の再構築を図る点にある。

PointCheck

◉マトリックス組織 繰り返し確認 ・・・・・・・・・・・・・・・・・・・・・・・・・・・・【★★★】
⑴マトリックス組織の意義

マトリックス組織とは、二元的な部門化基準により編成される横断的組織で、2つの命令系統を持つものをいう。これは、2つの命令系統を持つので、ツー・ボス・システムとも呼ばれる。

⑵組織構造

マトリックス組織の2つの軸にはいろいろなものがあるが、例えば、職能別の部門化と、製品別といった事業分野別の部門化のケースの組織構造は、以下のように表される。

問題でPoint を理解する
Level 2 **Q55**

第1章

第2章

第3章

第4章

第5章

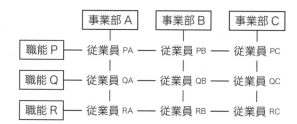

◉ビジネス・プロセス・リエンジニアリング 理解を深める ……………………【★☆☆】

　M. ハマーと J. チャンピーは、共著『リエンジニアリング革命』において、ビジネス・プロセス・リエンジニアリングの概念を示した。ビジネス・プロセス・リエンジニアリング（BPR）とは、顧客満足を得るために、会社全体を最適化するという観点から組織に潜む無駄を排除し、業務のプロセスを根本的に見直そうとする手法である。情報・通信技術を導入することにより、コスト、品質、リードタイムなどが改善される。

Level up Point!
　組織論に関する出題は、組織形態と経営戦略との関係についての出題もみられ、戦略的な観点から組織構造をどのようにとらえるかという内容についての知識が試されることになる。

A55 　正解ー3

1－誤　職能別組織は、権限と責任の分散化が図られているものではなく、トップ・マネジメントのもとに職能別に部門化された部署が設置されているが、権限はトップに集中する集権的な組織である（**Q48**、**Q53** 参照）。

2－誤　事業部制組織においては、プロフィット・センターとしての事業部が置かれる。また、本社または本部は、各事業部を統一的な指標で評価するわけではなく、売上高による評価方式が最も一般的というわけでもない（**Q44**、**Q53** 参照）。

3－正　カンパニー制に関する妥当な記述である。カンパニー制は、分権化が進んだ事業部制組織である（**Q49** 参照）。

4－誤　マトリックス組織は、ライン・アンド・スタッフ組織とは異なる。マトリックス組織は、2つの命令系統が重複し、意思決定にコンフリクトが生じやすい（**Q47**、**Q50** 参照）。

5－誤　M. ハマーや J. チャンピーにより提唱されたビジネス・プロセス・リエンジニアリング（BPR）は、顧客満足を得るために、会社全体を最適化するという観点から組織に潜む無駄を排除し、業務のプロセスを根本的に見直そうとする手法である。

Q56 組織論

問 経営組織に関する次の記述のうち、妥当なのはどれか。 （国家一般）

1 J.G. マーチと H.A. サイモンの組織均衡論によれば、組織のステークホルダー（利害関係者）は株主と従業員の二者に限られ、両者のパワーの均衡によって組織が成立している。株主のパワーが強くなりすぎると、企業の利益はすべて配当に回されて設備投資が全く行われなくなる。

2 コンティンジェンシー理論は、環境のタイプと組織のタイプとの適合関係を重視する。T. バーンズと G.M. ストーカーの研究によれば、技術変化が速い環境下では有機的組織（水平的に協働関係が発展した柔軟な組織）よりも機械的組織（いわゆるピラミッド型の官僚制組織）が有効である。

3 A.D. チャンドラーは、デュポン社やゼネラル・モーターズ社の事例から、多角化が進むと組織形態が事業部制組織から職能別組織に移行する傾向があることを見いだした。事業部制組織では事業部長は全社的利益よりも自分の事業部の利益を優先しがちであり、多角化が進むほどその弊害が大きくなるためである。

4 組織文化は、組織の構成員に共有された価値や信念、習慣的な行動などで構成されている。E.H. シャインによれば、その発展段階は、創設と初期段階、発達段階、成熟段階の三つに区分される。創設と初期段階においては、創業者の個性が組織文化に強く反映する。

5 ネットワーク組織とは、各下部組織の内部メンバーが職人気質の強固なネットワークによって結び付いた組織である。各ネットワークは伝統的なヒエラルキー型の組織以上に固定的かつ排他的なので、これに柔軟性を持たせることが経営者の課題となる。

PointCheck

◉組織文化‥‥‥‥‥‥‥‥‥‥‥‥‥‥‥‥‥‥‥‥‥‥‥‥‥‥‥‥‥‥‥‥‥‥‥【★★☆】
(1)組織文化の意義

組織文化（企業文化、コーポレート・カルチャー）とは、組織構成員の間で共有された価値観、行動規範、行動様式、特有の雰囲気のことをいう。優れた企業文化を形成することは、経営者の役割である。企業文化は、経営戦略の意思決定を行う人々の意識を規定する。
(2)T. ディールと A. ケネディーの研究

T. ディールと A. ケネディーは、戦略と整合性のある企業文化を意図的に形成することが重要であると主張した。企業文化は環境的側面と人格的側面という2つの側面によって形成される。企業文化の決定要因である環境は事業領域によって決まるので、戦略が企業文化を決定するということができる。人格的側面とは、経営者の持つ経営理念や個性などである。
(3)T.J. ピーターズと R.H. ウォーターマンの研究

T.J. ピーターズと R.H. ウォーターマンは、共著『エクセレント・カンパニー』において、1980 年代の企業を事例研究することにより、企業文化が企業の経営成果に影響を与えてい

問題でPoint を理解する
Level 2 Q56

第1章

第2章

第3章

第4章

第5章

ることを指摘した。

⑷E.H. シャインによる研究

　E.H. シャインは、組織文化の発展段階を、創設と初期段階、発達段階、成熟段階の3つに区分した。

①創設と初期段階

　この段階においては、創業者の個性が組織文化に強く反映する。

②発達段階

　この段階においては、社是、社訓、経営理念といった形で組織文化は制度化されている。

③成熟段階

　この段階においては、組織文化は組織構成員に強力に植えつけられている。

知識を広げる

組織エコロジー理論（M.T. ハナン、J. フリーマン）

　個々の組織には組織慣性があり環境適応に限界があるため、組織レベルの条件適応とするコンティンジェンシー理論に疑問を呈する。組織レベルで環境変化に適合するのではなく、個体群（組織群）のレベルで環境適応が生じ、個体レベルから新しい組織群が形成され、古い組織が変化し、多様性のある組織形態になると考える。

Level up Point!

組織文化（企業文化）は経営戦略の意思決定を行う人々の意識を決定する重要なものである。組織文化（企業文化）についての内容はやや応用分野になるが、考えて解く訓練をしてほしい。

A56 正解−4

1−誤　J.G. マーチとH.A. サイモンの組織均衡論によれば、組織のステークホルダー（利害関係者）は株主と従業員の2者に限られるわけではなく、経営者と従業員なども含まれる。また、組織均衡論では、株主と従業員パワーの均衡によって組織が成立しているのではなく、組織が個人に与える誘因と個人が組織に与える貢献との均衡によって組織が成立している。（**Q60** 参照）

2−誤　T. バーンズとG.M. ストーカーの研究によれば、技術変化が速い環境下では、機械的組織よりも有機的組織が有効とされる（**Q52** 参照）。

3−誤　A.D. チャンドラーは、多角化が進むと組織形態が職能別組織から事業部制組織に移行すると主張した（**Q15**、**Q45** 参照）。

4−正　組織文化に関する妥当な記述である。

5−誤　ネットワーク組織とは、複数の独立した部門が相互に緩やかに結合している組織形態のことをいう。各ネットワークは伝統的なヒエラルキー型の組織以上に固定的かつ排他的ではなく、柔軟なものである（**Q53** 参照）。

第5章 経営学説

Level 1 p124〜p143　　Level 2 p144〜p151

1 伝統的管理論

Level 1 ▷ **Q57,Q58,Q60,Q64**　Level 2 ▷ **Q69**

(1) F.W. テイラーの科学的管理法 ▶p124

　動作研究・時間研究により課業を定め、課業の達成度合いに応じて賃金率を決定する差別的出来高給制度、職能別職長制への移行を提唱した。

(2) H. ファヨールの管理過程論 ▶p126

　経営管理の重要性を提唱し、組織における管理活動は、①予測、②組織、③命令、④調整、⑤統制の5つのプロセスであるとした。

2 人間関係論

Level 1 ▷ **Q58,Q59**　Level 2 ▷ **Q67,Q69**

(1) ホーソン実験 ▶p128

　G.E. メイヨーらによって行われた作業環境と生産性の関連性に関する一連の実験により、職場の人間関係が労働生産性を向上させる要因となっていることが判明した。

(2) インフォーマル組織 ▶p129

　労働者は組織に帰属したいという欲求を満たすため、インフォーマル組織に帰属する。すると、社会的欲求が満たされ、モラールが向上し、労働生産性が高まる。

3 近代管理論

Level 1 ▷ **Q58〜Q63**　Level 2 ▷ **Q67,Q68**

(1) C.I. バーナードの近代管理論 ▶p130

　組織を維持・成長させることが経営者の役割である。組織が成立するためには、①共通の目的、②コミュニケーション、③貢献意欲の3条件が成立しなければならない。

(2) H.A. サイモンの意思決定論 ▶p132

　意思決定は、①情報活動、②設計活動、③活動、④検討活動という4つの活動からなる。意思決定モデルには、最適化意思決定と満足化意思決定がある。また、問題解決方法があらかじめ決まっているか否かにより、定型的意思決定と非定型的意思決定がある。

(3) H.I. アンゾフの階層的意思決定 ▶p135

　企業における意思決定には、①戦略的意思決定、②管理的意思決定、③業務的意思決定がある。

(4) J.G. マーチ、J.P. オルセン、M.D. コーエンのゴミ箱モデル ▶p146

　選択機会という場において意思決定の参加者、問題、解が偶然的に結びついて、選択という意思決定がなされる。意思決定は、合理的なものではなく、理論的なものではない。

4 欲求理論・動機づけ理論

Level 1 ▷ **Q63〜Q65**　Level 2 ▷ **Q69**

(1) A.H. マズローの欲求階層説（欲求5段階説） ▶p136

　欲求には5つの階層があり、人間はまず下位の欲求によって動機づけられ、下位の欲求が充足されると、逐次より上位の欲求によって動機づけられる。

(2) D. マグレガーのX理論・Y理論 ▶p137

　X理論を前提とした従来の経営管理から、上位の欲求を持つ人間行動モデルであるY理論を前提とした自主管理、従業員参加制度、能力開発などを含んだ経営管理に変更すべきである。

(3) F. ハーズバーグの二要因理論（動機づけ─衛生理論） ▶p138

　職務に対する満足と不満は、異なる2つの要因によって生じるが、組織は人々の満足を高めるために、動機づけ要因の充足に努めるべきである。

(4) C. アージリスの未成熟─成長理論 ▶p139

　個人は自己実現を追求して成熟段階へ向かっていこうとするが、組織は個人に対して受動的で未成熟な行動を求めるため、個人と組織は不適合な状況になる。

(5) V.H. ブルームの期待理論 ▶p140

　人間を動機づける力は基本的に期待と達成することによって得られる報酬の価値との積によって示される。

(6) L.W. ポーターとE.E. ローラーの動機づけモデル ▶p141

　動機づけのメカニズムは、努力、業績、成果という要素によって説明される。

5 リーダーシップ

Level 1 ▷ **Q66**　Level 2 ▷ **Q70**

(1) K. レビンのアイオワ実験 ▶p142

　リーダーシップは、①専制型、②民主型、③自由放任型の3つに類型化されるが、このうち民主型リーダーシップが最も望ましい。

(2) R. リッカートのシステム4 ▶p142

　管理システムは、①独善的権威型、②温情的権威型、③相談型、④集団参加型の4つに類型化されるが、集団参加型であるシステム4に管理システムを転換する必要がある。

(3) R.R. ブレイクとJ.S. ムートンのマネジリアル・グリッド理論 ▶p143

　リーダーシップ・スタイルは、①1・1型、②1・9型、③5・5型、④9・1型、⑤9・9型の5つが基本形となるが、このうち、9・9型（理想型）の管理者が理想的である。

(4) 三隅二不二のPM理論 ▶p143

　リーダーシップの型は、①PM型、②Pm型、③pM型、④pm型の4つに分類されるが、最も生産性が高いのはPM型であり、最も生産性が低いのはpm型である。

(5) F.E. フィードラーのLPC ▶p150

　課業指向的リーダーか人間関係指向的リーダーかという、リーダーシップの有効なスタイルは、組織の状況がリーダーの行動に影響を与える程度によって異なる。

(6) P. ハーシーとK. ブランチャードのSL理論 ▶p151

　リーダーシップの有効なスタイルは、部下の成熟度によって異なる。

Q57 テイラー・システム

A テイラー・システム考案の背景として、当時の管理者が直感や経験などに頼る成行管理を採用していたため、労働者の組織的怠業が蔓延していたことがあった。

B テイラー・システムは、工場管理の実際に適用されると、賃金の高騰を招く一方、企業側の労働強化には機能せず、企業側の反発を招くことになった。

C テイラー・システムでは、高い能率をあげたものには割増金を支払うという差別出来高払制度による動機づけが考案された。

D テイラー・システムでは、当時一般的であった職長の機能を計画機能と執行機能に分けた職能別職長制度に代わる新しい組織として、職長ごとにグループを作り、職長の機能を統合する内部請負制度が考案された。

1 A、B   2 A、C   3 A、D   4 B、C   5 D、D

PointCheck

◉ F.W. テイラーの科学的管理法 ………………………………………………………【★★★】

⑴歴史的背景

産業革命により産業が急速に発展した 19 世紀後半、資本家の賃金率切り下げに対する労働者による組織的怠業の問題が表面化した。組織的怠業とは、労働者全体が故意的に仕事の進度を遅くし、労働量を少なくしようとすることである。このような労働管理の問題に対し、F.W. テイラーは組織的怠業を克服するものとして科学的管理法を提唱した。

⑵科学的管理法

従来、主観や習慣に基づく成り行き管理が行われていた。F.W. テイラーは科学的な視点から組織的怠業の原因解明に努めた。

①動作研究と時間研究

動作研究とは、労働者の作業を観察することで、時間研究は、労働者の作業時間を計測することである。

②課業

課業（タスク）とは、動作研究、時間研究によって測定された、標準的作業条件のもとにおける熟練者がまじめに働いたときにこなせる標準的仕事量のことをいう。

③課業管理

課業管理とは、課業の達成度合いに応じて差別的出来高給制度を課すことにより、合理的な管理を行うことをいう。

④差別的出来高給制度（差別出来高払制度）

　差別的出来高給制度とは、労働者に与えられた課業の達成度合いによって賃金率を決める制度のことをいう。動作研究と時間研究によって科学的に決定された標準作業量を達成した労働者には高い賃金率で賃金が支払われ、達成できなかった労働者には低い賃金率で賃金が支払われるという制度である。

⑤職能別職長制度

　従来、1人の職長がすべての計画、管理、執行を担当する万能職長制度が採用されていた。F.W. テイラーは、万能職長制度から職能別職長制への移行を提唱した。職能別職長制度とは、職長の機能を大きく計画機能と執行機能に分け、職長の仕事を8分野に分類し、それぞれの仕事を職長に分担させる制度のことをいう。この職能別職長制度は、専門化の原則に従っている。

⑥経済人仮説

　経済人仮説とは、人間は最も合理的な選択をするものと考える人間観のことをいう。これによると、人間は経済的な金銭によって動機づけられることになる。

⑦機械人仮説

機械人仮説とは、労働者の人間性を軽視し機械のように扱う人間観のことをいう。

(3)継承

　F.W. テイラーの理論はH. フォードによりフォード・システムとして採用された。自動車メーカーであるフォード社は、徹底した部品の標準化と工程の標準化により、当時、高級車であった自動車を大衆自動車として生産することに成功し、世に「T型フォード」を売り出した。

(4)批判

　労働者の人間性を軽視し、労働者を機械のように扱い、経済的報酬で動機づけられるという機械人仮説・経済人仮説の視点でとらえていたため、後に批判される。

A57 正解—2

A—正　テイラー・システムに関する妥当な記述である。F.W. テイラーは組織的怠業を克服するものとして科学的管理法を提唱した。

B—誤　テイラー・システムを適用すると、労働者の組織的怠業を防ぐことができ、課業管理を行うことにより、企業側の労働強化に有益なものとなった。また、差別出来高払制度により労働者の出来高に応じた適切な賃金を支払うので、賃金の高騰を招くことにはならない。

C—正　テイラー・システムに関する妥当な記述である。差別出来高払制度とは、課業の達成度合いに応じて賃金率を決定するものである。

D—誤　テイラー・システムでは、当時一般的であった万能職長制度をやめ、職能別職長制度を採用した。

Q58 経営管理

問 経営管理に関する次の記述のうち、妥当なのはどれか。 （国税専門官）

1 F.W. テイラーは、労働者ではなく経営者の満足のため、高利潤と低賃金を同時に実現させる管理方法を目指し、組織的怠業の原因となる従来の成行き管理にかえて、あらかじめ設定された遂行されるべき仕事である課業を中心とした課業管理を提唱した。

2 H. ファヨールは、経営を技術、商業、財務、保全、会計、管理の六つの職能に分け、さらに、管理職能は五つの管理要素からなるとした。また、自己の経験から、管理職能遂行の指針として14の「管理の一般原則」を示した。

3 G.E. メイヨーを中心に形成された人間関係論は、科学的管理法のような社会人仮説を前提とした理論ではなく、孤立して意思決定を行い、打算的かつ論理的な行動をする経済人仮説を前提とした理論である。

4 C.I. バーナードは、個人の行為を測る尺度として有効性と能率の二つを提示した。彼によると、行為が有効である場合とは、特定の客観的な目的を達成した場合であり、行為が能率的な場合とは、一定の行為をより効率的に達成した場合である。

5 権限受容説はC. アージリスにより提唱された権限理論である。この説では、上位者の権限は下位者が受け入れなくとも成立するが、下位者が受け入れることでより有効に機能するとされる。

PointCheck

◉ **H. ファヨールの管理過程論** ･･･【★★★】
(1)経営管理
　H. ファヨールは、経営管理のフレームワークについて初めて提唱した。H. ファヨールは実際に経営戦略を遂行した実務家であったが、その著書『産業ならびに一般の管理』において記述された内容は、戦略についてというよりは組織における管理に重点を置いたものであった。
(2)基本的職能
　基本的職能とは、経営を行うために必要不可欠な活動のことをいい、H. ファヨールは、以下の6つを挙げ、特に管理活動の重要性を強調した。
　　①技術活動：生産、製造、加工
　　②商業活動：購買、販売、交換
　　③財務活動：資本の調達と運用
　　④保全活動：財産と従業員の保護
　　⑤会計活動：財産目録、貸借対照表、原価計算
　　⑥管理活動：予測、組織、命令、調整、統制

問題でPointを理解する
Level 1 **Q58**

第1章
第2章
第3章
第4章
第5章

(3)管理活動

　H. ファヨールは、管理活動は基本的職能の他の5つの職能すべてに及ぶものとし、19世紀末にはその重要性がほとんど認識されていなかった管理活動を独立の活動として分類し、管理活動の内容を分析した。H. ファヨールによると、組織における管理活動は、以下の「予測」「組織」「命令」「調整」「統制」の5つであるとされる。これら5つは、管理過程（ビジネス・プロセス）のサイクルとなっている。

①予測（計画）	将来を予測し、目標を設定し、その達成手段を設定
②組　　織	物的組織と人的組織の構成および配置
③命　　令	責任者による指示
④調　　整	実際の活動が計画にあっているかの確認、計画との整合
⑤統　　制	結果の評価、問題点の検討、対応策の検討

(4) 14の管理原則

　H. ファヨールは、管理教育の拠所として、以下の14の管理原則を提唱した。

　分業、権限・責任、規律、命令の一元性、指揮の一元性、個人的利益の全体的利益への従属、従業員の報酬、権限の集中、階層組織、秩序、公正、従業員の安定、創意、従業員の団結

知識を広げる

人間観
　人間をどのようにとらえるかという考え方を、人間観といい、以下のものがある。
①経済人仮説：経済学、古典的管理論、科学的管理法
②機械人仮説：科学的管理法
③社会人仮説：人間関係論
④管理人仮説：C.I. バーナードの管理論、H.A. サイモンの意思決定論

A58 正解－2

1－誤　F.W. テイラーの科学的管理法は、労働者と経営者の両者の満足のために提唱された管理方法である（**Q57**参照）。

2－正　H. ファヨールの管理過程論に関する妥当な記述である。

3－誤　G.E. メイヨーを中心に形成された人間関係論は、孤立した個人ではなく集団の一員として社会的欲求を図ろうとするする社会人仮説を前提とした理論である（**Q59**参照）。科学的管理法のような経済人仮説を前提とした理論ではない。

4－誤　C.I. バーナードによると、有効性とは組織の目的達成度のことで、能率とは個人の満足度のことである（**Q60**参照）。

5－誤　権限受容説はC. アージリスではなく、C.I. バーナードにより提唱された権限理論である。この説では、上位者の権限は下位者が受け入れることで成立するとされる。

Q59 経営管理学説

1 科学的管理法によれば、作業条件の改善は作業能率の向上に結び付くはずであったが、作業条件の変化とは無関係に作業能率の向上が図られることがホーソン工場の実験によって明らかとなった。これにより、集団の人間関係という非公式組織の持つ側面がモラールに影響を与え、生産性に作用すると考える人間関係論が展開されることとなった。

2 H. ファヨールの経営管理論は、フランスの鉱山会社の経営者としての長年の実務経験に基づいた現実的な内容を理論化したものであった。このため、実践志向の強いアメリカ合衆国で高く評価され、H.A. サイモンはこれを発展させて、管理プロセスのサイクルをうまく回すための技法の集積を進める管理過程論を提唱した。

3 C.I. バーナードは、組織が成立するためには、組織参加者が共通の目的を有すること、一人の上司が直接に管理できる部下の人数には限度があるため階層的構造が形成されること及び階層的構造の中で権限と責任の関係を明確化した規則が存在することの三つの条件が必要であると説いた。

4 組織が直面する環境条件によって適合的な管理は異なると考えるコンティンジェンシー理論は、官僚制の逆機能論に対応するものであったが、組織を変革すると同時に環境条件にも働きかけるとする能動的な点が非現実的と疑問視された。これを受けて、「唯一最善の組織」を提唱するポスト・コンティンジェンシー理論が展開されることとなった。

5 1920年代後半から1930年代に発展した行動科学は、数量化・記号化といった手法を社会科学に導入しようとする動きの中で、従業員の欲求満足の視点から組織を論じた人間関係論を批判する形で誕生し、科学的管理法のような合理的モデルにおける人間仮説を前提として管理に関する各種の実証分析を展開した。

PointCheck

●人間関係論･･･【★★☆】

⑴歴史的背景

第一次世界大戦後の大量生産体制の成長期に、機械化、労働の単純化が進展し、労働における人間疎外の問題が表面化した。

⑵ホーソン実験

ホーソン実験とは、1924年から1932年にかけて、G.E. メイヨーらによって行われたウエスタン・エレクトリック社のホーソン工場で行った作業環境と生産性の関連性に関する一連の実験のことをいう。この実験では、作業環境の改善をしても労働生産性は向上しないが、職場の人間関係が労働生産性を向上させる要因となっていることが明らかになり、職場におけるインフォーマル組織の存在が発見された。

問題でPointを理解する

Level 1 **Q59**

第1章

第2章

第3章

第4章

第5章

(3)社会人仮説

人間関係論においては、人間観として社会人仮説がとられている。社会人仮説とは、個人は、孤立した者ではなく集団の一員としての社会的存在であるとし、単に経済的欲求を満たすためだけでなく、友情や帰属感などの社会的欲求を図ろうとする存在であるとする人間観のことをいう。

(4)インフォーマル組織

組織には、以下のフォーマル組織とインフォーマル組織がある。労働者は組織に帰属したいという欲求を満たすため、フォーマル組織だけでなく、インフォーマル組織に帰属する。すると、社会的欲求が満たされ、モラールが向上し、労働生産性が高まることになる。

① フォーマル組織 　（公式組織）	一定の目的を達成するために人為的に形成された公式の組織のこと。
② インフォーマル組織 　（非公式組織）	無意識に自然発生的に形成される個人間の関係のこと。

(5)進展

人間関係論は、1940年代に浸透し、この考え方は企業の諸政策に採用された。

(6)批判

人間関係論は、インフォーマル組織を偏重している点や、労働者の非合理主義志向や経済的動機の否定などに問題があるとして、後に、行動科学に基づいた管理が提唱された。

A59 正解ー1

1－正　人間関係論に関する妥当な記述である。ホーソン実験をきっかけとして、人間関係論が展開された。

2－誤　H. ファヨールの経営管理論をH.A. サイモンが発展させたわけではない。H.A. サイモンが発展させたのは、管理過程論ではなく、C.I. バーナードの理論を精緻化した意思決定論であった（**Q60**参照）。

3－誤　C.I. バーナードは、組織が成立するためには、共通の目的、貢献意欲、コミュニケーションの3つの条件が必要であると提唱した（**Q60**参照）。

4－誤　ポスト・コンティンジェンシー理論とは、唯一最善の組織を提唱するものではなく、コンティンジェンシー理論の限界を克服するために、組織が主体的に環境適応をする観点をとり入れた経営組織論である。

5－誤　人間関係論を批判する行動科学は、1940年代末以降に発展したものである。

Q60 経営管理の理論

問 経営管理の諸理論に関する次の記述のうち、妥当なのはどれか。 （国家一般）

1　F.W. テイラーは、組織的怠業を解消し、「高い賃金と低い工賃」を実現するために、指揮の一元性や従業員の団結など14 から成る管理原則を考えた。また、組織の階層化を行うなどの組織の編成原理を説いた。

2　C.I. バーナードは、組織を 2 人以上の人々の意識的に調整された活動や諸力の体系ととらえた。組織が成立するためには、共通の目的、協働への意欲、コミュニケーション・システムの 3 条件が同時に成立しなければならないとした。

3　H.A. サイモンは、意思決定を問題解決のプロセスととらえ、問題は客観的な事実情報のみによって発見されるべきとした。主観的な価値観を用いず事実情報のみを用いることで、限定された合理性しか持たない意思決定者も客観的に最適な問題解決案を選択することができると考えた。

4　T. バーンズと G.M. ストーカーは、ピラミッド型の官僚制組織を機械的管理システムと呼び、技術や市場などの組織環境が不安定な場合に有効とした。また、官僚制とは逆の緩やかなネットワークとコミュニケーションにより結合された組織を有機的管理システムと呼び、組織環境が安定している場合に有効とした。

5　P. ローレンスと J. ローシュは、官僚制組織において、規則の遵守は組織目的を達成するための最も重要な手段であり、かつ、組織構造を保つためには不可欠であると考え、組織が直面する環境がどのような場合であっても、規則の遵守を最優先するべきであるとした。

PointCheck

● C.I. バーナードの近代管理論 ………………………………………………【★★★】

(1)近代管理論

　C.I. バーナードは、実務家としての経験に基づき、その著書『経営者の役割』において、組織を維持・成長させることが経営者の役割であると主張した。組織は、組織の目的の達成と組織に参加する個人の目的の充足を行う。それらを果たせない場合は組織は成立しないと考え、個人の貢献意欲を動機づけるモチベーションと、道徳準則を基盤としたリーダーシップが重要であると指摘した。

(2)組織の 3 要素

　C.I. バーナードは、組織を 2 人以上の人々の意識的に調整された活動や諸力の体系と定義し、近代管理論を提唱した。彼は、組織が成立するためには、以下の 3 条件が同時に成立しなければならないとした。

①共通の目的	同じ目的
②コミュニケーション	意思の疎通
③協働意欲（貢献意欲）	協働し、組織へ貢献しようとする意欲

⑶組織均衡

　C.I. バーナードは、組織が存在するためには、以下の両側面を達成する均衡が必要であると主張した。

　　①有効性：組織の目的達成度のことをいう。

　　②能率：個人的動機の満足度のことをいう。

⑷システム・アプローチ

　C.I. バーナードは、個人の協働システムとして組織を認識し、組織を、個人間の相互作用が共通の目的に対して継続的になされるシステムとしてとらえた。このようなとらえ方を、システム・アプローチという。

◉ H.A. サイモンの組織均衡論 ……………………………………………【★★☆】

⑴組織均衡

　H.A. サイモンは、個人が協働意欲を持って組織に参加し続けるためには、組織が個人に与える誘因と個人が組織に与える貢献が等しいか、あるいは誘因が大きい必要があるとして、組織均衡論を提唱した。

⑵継承

　近代管理論は、C.I. バーナードの組織理論に始まり、H.A. サイモンの意思決定論によって発展し、その後、R.M. サイアートと J.G. マーチらによって精緻化された。

A60　正解－2

1－誤　分業、指揮の一元性、従業員の団結など 14 の管理原則を考えたのは、F.W. テイラーではなく、H. ファヨールである（**Q58** 参照）。

2－正　C.I. バーナードの近代管理論に関する妥当な記述である。

3－誤　H.A. サイモンは、意思決定において主観的な価値観を用いず事実情報のみを用いるものとは考えておらず、意思決定の前提には、事実前提と価値前提の 2 つがあるとした（**Q61** 参照）。

4－誤　T. バーンズと G.M. ストーカーは、機械的管理システムは組織環境が安定な場合に有効とし、また、有機的管理システムは組織環境が不安定な場合に有効と主張した（**Q52** 参照）。

5－誤　P.R. ローレンスと J.W. ローシュは、課業環境の不確実性の程度が異なると有効な組織特性も異なるというコンティンジェンシー理論を提唱した（**Q52** 参照）。

Q61 意思決定論

問 意思決定論に関する記述として、妥当なのはどれか。 （地方上級）

1　アンゾフによれば、企業における意思決定は、戦略的な意思決定、管理的な意思決定及び日常業務的な意思決定の三類型に分類され、管理的な意思決定には、価格設定やアウトプットの水準、マーケティング戦略の決定がある。

2　サイモンによれば、意思決定前提とは、意思決定を行うための事前の情報であり、価値前提と事実前提に分けられ、目標の設定は、価値前提ではなく事実前提のみに基づいて行われる。

3　サイモンによれば、意思決定過程において現実の人間には、制約された合理性があり、情報活動、企画活動、選択活動という3つの局面における決定ルールとして最適化原理が適用される。

4　マーチとサイモンによれば、従業員が行う意思決定について、生産の意思決定と参加の意思決定とでは本質的に差異はないとする。

5　マーチとサイモンによれば、「計画におけるグレシャムの法則」とは、意思決定において、日常業務に追われると革新的業務を駆逐してしまうことをいう。

PointCheck

◉ H.A. サイモンの意思決定論 ……………………………………………【★★★】

⑴意思決定

意思決定とは、ある目的を効率的に遂行していくための手段を決める人間の合理的な活動のことをいう。H.A. サイモンは、意思決定の視点から経営管理や組織を解明した。彼は、経営管理すなわち意思決定ととらえている。

⑵意思決定プロセス

H.A. サイモンは、意思決定を、情報活動、設計活動、選択活動、検討活動という4つの活動からなるプロセスであるととらえている。この意思決定プロセスは1回限りの過程ではなく、ある意思決定プロセスにおける再検討が次の意思決定プロセスに生かされていくという継続性がみられる点が特徴であり、ある意思決定が次の意思決定にフィード・バックされる点がポイントとなる。

　　①情報活動：問題の発見・情報収集
　　②設計活動：実現可能な代替案の設計
　　③選択活動：代替案の選択
　　④検討活動：選択活動で選択した結果の検討

⑶最適化意思決定と満足化意思決定

意思決定モデルには、以下の2つがある。H.A. サイモンは、現実の人間が最適化意思決定モデルに基づいて意思決定を行うことは困難であるとして、満足化意思決定モデルに基づ

いて意思決定を行うと考えた。

①最適化意思決定モデル	意思決定者は望む情報をすべて手に入れることが可能で、最大の効用をもたらす代替案を選択・決定するという考え方である。これは、全知全能である経済人仮説を前提としたもので、完全合理性を追求するものである。
②満足化意思決定モデル	満足化意思決定モデルは、意思決定者は意思決定に必要なすべての情報を入手することができるわけではなく、制約された能力の下で意思決定を行うという考え方である。これは、制約された合理性の下で可能な限り合理的な選択を行おうとする経営人仮説ないしは管理人仮説を前提としたもので、限定合理性を追求し、希求水準を満たす代替案を選択するものである。

(4)決定前提

決定前提とは、意思決定を行う際の前提のことをいう。H.A.サイモンは、意思決定の前提である決定前提が意思決定プロセスに影響を与えると主張した。

①事実前提

事実前提とは、客観的な事実で観察可能なものをいう。これは、目標達成のための情報収集や決定の材料になる。具体例としては、競争環境や経済動向などが挙げられる。

②価値前提

価値前提とは、意思決定者の持つ価値観で主観的なものをいう。これは、目標や結果の評価基準になる。具体例としては、企業の経営理念や経営目標などが挙げられる。

A61 正解ー5

1 －誤　H.I.アンゾフによると、価格設定やアウトプットの水準、マーケティング戦略の決定は、管理的な意思決定ではなく、日常業務的な意思決定にあたる（**Q62**参照）。

2 －誤　H.A.サイモンによると、目標の設定は、事実前提のみではなく、価値前提に基づいても行われる。

3 －誤　H.A.サイモンによると、意思決定ルールとしては、最適化原理ではなく、制約された合理性の下での満足化原理が適用される。

4 －誤　J.G.マーチとH.A.サイモンは、共著『オーガニゼーションズ』において、生産の意思決定と参加の意思決定についての差異を指摘している。

5 －正　計画におけるグレシャムの法則に関する妥当な記述である。計画におけるグレシャムの法則とは、定型的意思決定に追われると非定型的意思決定は駆逐されてしまい、非定型的意思決定は後回しにされてしまうことをいう（**Q62**参照）。

Q62 経営者の意思決定

問 経営者の意思決定に関する次の記述のうち、妥当なのはどれか。 （国家一般）

1 H.A. サイモンは、経済学の完全合理的な人間モデルを批判して限定合理性モデルを提唱した。人間は認知能力が限定されているので、最適な選択肢を見付けようとしても必ずしも実現できない。そこで、意思決定ルールとしては最適化ではなく満足化基準が用いられるのである。

2 意思決定のゴミ箱モデルでは、意思決定者は選択機会に対して、問題、エネルギー、解の順番に、あたかもゴミ箱にゴミを投げ入れるように投げ込む。そして、一般的には数学の問題を解くように理論必然的に意思決定が行われる。

3 経営者の機会主義的な意思決定とは、情報の非対称性を利用して、限られた情報の中から新しいビジネスの機会を見いだして、他社に先んじてそれを手にすることである。このようにして市場に差異をもたらすのが経営者の役割の一つである。

4 経営者の意思決定には埋没コストの錯誤が影響することがある。すなわち、人件費やリース費用などを可変的なコストではなく固定的なコストと認識して、コストを削減しようとする努力を怠ってしまうのである。

5 人間は意思決定において一般にリスク回避的な傾向がある。すなわち、不確実な利得が得られる複数の選択肢があって、得られる利得の期待値がどれも等しければ、その中で利得の分散が最大の選択肢を選ぶ。このようなリスク回避的な人間の効用関数では、利得の限界効用は負となる。

PointCheck

◉意思決定論··**【★★★】**

⑴定型的意思決定と非定型的意思決定

H.A. サイモンは、意思決定を、以下の2つに分類した。

①定型的意思決定 （プログラムされた 意思決定）	問題解決手続きがあらかじめ決まっている意思決定のことをいう。H.I. アンゾフのいう業務的意思決定においてはこのタイプの決定が中心となる。伝票処理業務などは定型的意思決定の例であり、これについてはコンピュータ処理により対応することが可能である。
②非定型的意思決定 （プログラムされな い意思決定）	問題解決手続きがあらかじめ決まっていない意思決定のことをいう。H.I. アンゾフのいう戦略的意思決定においてはこのタイプの決定が中心となる。新規事業開発などの非定型的意思決定においては、試行錯誤的な取組みがなされることになる。

⑵計画におけるグレシャムの法則

非定型的意思決定は定型意思決定に比べて困難で面倒なことが多い。よって、非定型

問題でPoint を理解する
Level 1 **Q62**

第1章
第2章
第3章
第4章
第5章

意思決定は定型的意思決定に駆逐されやすいため、定型的意思決定が非定型的意思決定に優先されることを、計画におけるグレシャムの法則という。なお、グレシャムの法則とは、「悪貨が良貨を駆逐する」というものである。

⑶ H.I. アンゾフの階層的意思決定

H.I. アンゾフは、企業における意思決定には階層があるとし、以下の３つを挙げた。

①戦略的意思決定

戦略的意思決定とは、トップ・マネジメントが行う長期的・基本的・全体的な意思決定のことをいう。具体的には、経営戦略、経営計画、経営目標、組織設計などに関する意思決定が挙げられる。戦略的意思決定においては、H.A. サイモンのいう非定型的意思決定が主なものとなる。

②管理的意思決定

管理的意思決定とは、ミドル・マネジメントが行う意思決定のことをいう。具体的には、部門管理、業務戦略、業務計画などに関する意思決定が挙げられる。

③業務的意思決定

業務的意思決定とは、ロワー・マネジメントが行う短期的・具体的・個別的な意思決定のことをいう。具体的には、業務現場での指揮・監督などに関する意思決定が挙げられる。業務的意思決定においては、H.A. サイモンのいう定型的意思決定が主なものとなる。

A62 正解ー1

1－正 H.A. サイモンの限定合理性モデルに関する妥当な記述である。限定合理性モデルとは、満足化意思決定モデルのことである（**Q61** 参照）。

2－誤 意思決定のゴミ箱モデルは必然的な意思決定ではなく、偶然に意思決定が行われるというものである（**Q68** 参照）。

3－誤 機会主義的意思決定は、C.I. バーナードが提唱した概念であり、価値判断を含まない意思決定のことをいう。これに対して、価値判断を含んだ意思決定は、道徳的意思決定という。

4－誤 埋没コストの錯誤とは、これまで費やした費用や時間が無駄になることから、撤退することを躊躇してしまうことである。埋没コスト（サンク・コスト）とは、過去に費やされた費用で、将来の意思決定には関連しないコストのことを意味する。

5－誤 リスク回避的な人間は、利得の分散が最小の選択肢を選ぶ。また、このような人間の効用関数では、利得の限界効用は逓減することになる。

Q63 モチベーション

問 モチベーションに関するA～Dの記述のうち、妥当なもののみをすべて挙げているのはどれか。 (国家一般)

A C.I. バーナードによれば、従業員にはそれぞれ無関心圏があるとされる。無関心圏とは、組織の中で自分とは比較的離れた職種や地位にいる人たちである。一般的な従業員はその人たちのために仕事をしようとする意識は低いので、無関心圏の存在は組織内コンフリクトの原因となる。

B A.H. マズローによれば、人間の欲求は低次から高次への階層をなしており、低次の欲求が充足された後に初めて高次の欲求に関心が向けられるとされる。ただし、最高次の自己実現欲求だけは、充足されても関心がなくなることはなく、満たされるほど一層関心が強まるとされる。

C J.G. マーチとH.A. サイモンは、共著『経営者の役割』において、組織に所属することの満足度が高い従業員ほどモチベーションが高く、組織目標達成への貢献度も高いとし、経営者は従業員の満足度を高めるような福利厚生を重視すべきであるとした。

D V.H. ブルームの期待理論によれば、人間のモチベーションの大きさは、報酬が得られる主観確率を分母とし、その報酬の誘意性を分子として表すことができる。一般に主観確率が小さいほど、報酬が得られたときの喜びが大きいので、モチベーションは大きくなる。

1 A、B **2** A、C **3** B **4** B、C **5** C、D

PointCheck

●モチベーション･･･【★★★】

モチベーション（動機づけ）とは、組織の目的に積極的に貢献しようとする組織構成員の意識的な行動を喚起することをいう。

● A.H. マズローの欲求階層説（欲求5段階説）･･････････････････････【★★★】

A.H. マズローは、欲求には以下の5つの階層があり、人間はまず下位の欲求によって動機づけられ、下位の欲求が充足されると、逐次より上位の欲求によって動機づけられると指摘した。

生理的欲求→安全欲求→社会的欲求→自我欲求→自己実現欲求

彼は、最高次の自己実現欲求だけは、充足されても関心がなくなることはなく、満たされるほど一層関心が強まるとし、このような欲求の充足を労働意欲向上のための動機づけの手段とすることが重要であると主張した。

問題でPoint を理解する
Level 1 **Q63**

第1章

第2章

第3章

第4章

第5章

◉ **D. マグレガーの X 理論・Y 理論**……………………………………………【★★★】

D. マグレガーは、著書『企業の人間的側面』において、下位の欲求を持つ人間行動モデルである X 理論を前提とした従来の経営管理から、上位の欲求を持つ人間行動モデルである Y 理論を前提とした自主管理、従業員参加制度、能力開発などを含んだ経営管理に変更すべきであると主張した。

(1) X 理論

X 理論とは、A.H. マズローの下位の欲求（生理的欲求や安全の欲求）を強く持つ人間の行動モデルのことをいう。これは、人間は本来、仕事をするのが嫌いである、組織の目標を達成するためには強制や懲罰が必要である、人間は命令されることを好み責任を逃れたがっているというような人間観に基づくものである。

(2) Y 理論

Y 理論とは、A.H. マズローの上位の欲求（自我欲求や自己実現欲求）を強く持つ人間行動のモデルのことをいう。これは、人間にとって仕事をすることは当然のことで、人間は自我欲求や自己実現欲求を満たすことができるような仕事を自主的に行い、自ら設定した目標には自己統制を行って責任を果たすというような人間観に基づくものである。

(3) W.G. オオウチによる「Z 理論」の展開

日本の組織（J 型）は長期的雇用、遅い昇進、ジェネラリストなどの特徴を持ち、アメリカの組織（A 型）は短期的雇用、速い昇進、スペシャリストの特徴を持つと分類し、日本の経営手法を取り入れた米国企業（Z 型）は責任やコンセンサスを重要要素とし、X 理論と Y 理論のよいところをとり入れたものだと主張した。

A63 正解ー3

A ー誤 　C.I. バーナードによると、無関心圏とは、組織での命令が組織構成員に無意識に受け入れられるような領域のことをいう。

B ー正 　A.H. マズローの欲求階層説に関する妥当な記述である。

C ー誤 　『経営者の役割』を著したのは C.I. バーナードである（**Q60** 参照）。

D ー誤 　V.H. ブルームの期待理論によれば、人間のモチベーションの大きさは、誘意性（職務を行ったことにより得られる報酬などの効用）と期待（報酬が得られる主観確率）の積で表すことができる。したがって、期待＝主観確率が大きいほど、モチベーションは大きくなる（**Q65** 参照）。

Q64 経営管理の諸理論

問 管理論に関するA～Dの記述のうち、妥当なもののみを挙げているのはどれか。

A A.A. バーリ＝G.C. ミーンズは、企業の所有者と経営者が分離した状態である「所有と経営の分離」に至る過程を三つの局面に分類した。資本の大規模化に伴って株式の分散が進む中でも依然として発行済株式の過半数を所有する者が支配する局面においては、当該所有者とは異なる専門経営者が自身の任免権を掌握することとなる。

B H.A. サイモンは、個々の組織メンバーの意思決定過程が連鎖したものとして組織をとらえ、組織メンバーの限定された合理性が、組織の意思決定過程の中でどのように克服されていくのかを解明することを基本テーマとし、組織現象を説明するための概念体系と理論的枠組みを確立した。

C F. ハーズバーグは、モチベーションの決定要因を、人間関係や給与といった職務の満足をもたらす動機づけ要因と、仕事の達成や承認のように不備が生じることで職務への不満足の原因となる衛生要因に分類し、両者は互いに依存関係にあるため、不満足の解消によって満足を高めることができるとした。

D P.F. ドラッカーは、1970年代に世界的な潮流であった、日本企業の管理手法見直しの動きの中で、多くの日本企業が稟議制度を採用しているために、実行には時間を要するものの意思決定が迅速であることや、出来高払い制の賃金体系によって従業員の生産性の向上が図られていることを指摘し、日本的経営を高く評価した。

1 A　　2 B　　3 B、C　　4 C、D　　5 A、B、D

PointCheck

◉ F. ハーズバーグの二要因理論（動機づけ―衛生理論） …………………………【★★★】

　F. ハーズバーグは、職務に対する満足と不満は、異なる2つの要因によって生じるものであることを指摘し、組織は人々の満足を高めるために、動機づけ要因の充足に努めるべきであると提唱した。彼は、具体的には、職務充実を図ることが動機づけ要因の充足となると主張した。

(1)動機づけ要因

　動機づけ要因とは、満足感と結びつく要因のことをいう。具体的には、仕事の達成感や承認、昇進などが挙げられる。

(2)衛生要因

　衛生要因とは、不満の予防にしかならない要因のことをいう。具体的には、給与、労働条件などが挙げられる。

● C. アージリスの未成熟―成長理論 ……………………………【★★☆】

　C. アージリスは、著書『組織とパーソナリティ』において、自己実現を追求して未成熟な段階から成熟段階へ成長していく個人の組織の適合関係に関して分析し、根本的に個人と組織の間には不適合が存在することを指摘した。個人は自己実現を追求して成熟段階へ向かっていこうとするにもかかわらず、課業の設定や指揮・命令などにより、組織は個人に対して受動的で未成熟な行動を求めるため、個人と組織は不適合な状況になるのである。C. アージリスは、この不適合な状況を緩和するには、職務拡大や職務充実が必要であることを主張した。

⑴職務拡大

　職務拡大とは、職務の種類を増やして担当させることをいう。職務の種類を増加させると、単調感が減少し、労働者の幅広い能力を活用することによって非人間感を減少させることができる。

⑵職務充実

　職務充実とは、従業員の責任や権限の範囲を拡大することである。責任や権限の範囲を拡大すると、個人の自己実現欲求を満たすことができる。

知識を広げる

C. アージリスの混合モデル

　C. アージリスの混合モデルによると、組織も組織構成員を成熟に向かわせるような特質を持たなければならないとされる。企業においては、組織の目的と個人の欲求を適合させる必要があるからである。C. アージリスの混合モデルは、著書『新しい管理社会の探求』において、組織の本質的な特質を導き出し、組織と個人の統合プロセスを示したモデルである。

A64 正解―2

A － 誤　A.A. バーリと C.C. ミーンズの示した株式会社支配の形態の中で、「発行済株式の過半数を所有する者が支配」は過半数所有支配（＝多数派支配）であり、株主の多数派が経営者の任免権を有する。筆頭株主の株式所有率が20％未満の経営者支配の局面になって、専門経営者による「所有に基づかない支配」が行われる（**Q01** 参照）。

B － 正　サイモンの意思決定プロセスは1回限りのものではなく、ある意思決定が次の意思決定にフィードバックされる継続的なものと捉える（**Q61** 参照）。

C － 誤　F. ハーズバーグは、人間関係・給与は、不満の予防としての衛生要因であり、仕事の達成・承認は、満足に結びつく動機づけ要因である。そして、不満の解消ではなく、満足を高める動機づけ要因を組織は充足すべきだと考えた。

D － 誤　稟議制を採用すれば集団の意思決定であり迅速とはならないが、実行は迅速となる。また、1970年代の日本企業は出来高払い制ではなく年功序列の賃金体系であった。

Q65 モチベーション論

問 モチベーション論に関する記述として、妥当なのはどれか。 （地方上級）

1　マグレガーは、欲求階層説を提唱し、人間はまず生理的欲求や安全の欲求を満たすために行動するが、それが満たされるとより高次な欲求である自己実現への欲求を満たそうとして行動するとした。

2　ハーズバーグは、職務要因には動機づけ要因と衛生要因の２種類があり、衛生要因を改善することは職務不満を予防するに過ぎず、職務に対する積極的取組や満足感を生むためには動機づけ要因が不可欠であるとした。

3　アージリスは、Y理論において、人間は条件次第では責任を引き受けるばかりか、自ら進んで責任をとろうとするという特性をもっているとした。

4　アルダーファーは、人間を動機づける力は基本的に期待と達成することによって得られるかもしれない報酬の価値との積によって示されるとした。

5　ブルームは、人間の欲求を低次から順に生存・関係・成長の３欲求に区分し、その３欲求の頭文字をとり、ERG理論とした。

PointCheck

● C.P. アルダーファーの ERG 理論 ･･･【★☆☆】

C.P. アルダーファーは、A.H. マズローの欲求階層説を修正し、人間の欲求を、下位から順に、生存（Existance）、関係（Relatedness）、成長（Growth）の３つに区分し、これら３つの欲求の頭文字をとって ERG 理論を提唱した。これら３つの欲求は同時に起こることもあり、上位の欲求が充足されないと下位の欲求が強く起こることもあることを指摘し、A.H. マズローの段階的、不可逆的な考え方を修正した。

①生存欲求

生存欲求とは、物質的・生理的欲求のことで、これに、食欲、報酬、労働条件などに関するものである。

②関係欲求

関係欲求とは、人間関係に関する欲求のことで、これは、上司、同僚、部下などとの人間関係に関するものである。

③成長欲求

成長欲求とは、自己の能力を活用させたり、自己能力を向上させたりしたいとする欲求のことである。

● V.H. ブルームの期待理論 ･･･【★★☆】

V.H. ブルームは、人間は行動する前にその結果を予測し、その結果によりどのくらいの満足を得られるかを判断するものであるとし、人間を動機づける力は基本的に期待と達成す

ることによって得られる報酬の価値との積によって示されるとした。

　これをさらに詳しく述べると、以下のように、人間の仕事へのモチベーションの強さは、期待（Expectancy）、誘意性（Valence）、道具性（Instrumentality）というの3つの要素の積で表される。これは、3つの要素の頭文字から VIE 理論と呼ばれる。

　　仕事へのモチベーションの強さ＝期待×誘意性×道具性

①期待

　期待とは、その行動が特定の成果をもたらすであろうという見込み、すなわち主観的確率のことである。

②誘意性

　誘意性とは、その行動の結果がもたらす魅力の度合いや満足度のことである。

③道具性

　道具性とは、成果を手に入れるためにその行動をとることがどれほど役立つかということである。

◉ **L.W. ポーターと E.E. ローラーの動機づけモデル** …………………………【★☆☆】

　L.W. ポーターと E.E. ローラーは、動機づけのメカニズムを、努力、業績、成果という要素によって説明した。

◉ **J.W. アトキンソンの達成動機づけ理論** ………………………………………【★☆☆】

　モチベーションの強さは、動機×期待×誘因価により判断される。そして達成動機は、成功近接傾向（成功の誘因価獲得への期待）と失敗回避傾向（失敗の誘因価回避への期待）の差により決定されるとする。期待理論が動機づけ要因として外的な満足・報酬を重視するのに対して、自尊心や達成感などの内的な満足・報酬を動機づけの要因とし、E.L. デシの内発的動機づけ論に近い（**Q69** 参照）。

A65 正解ー2

1 －誤　欲求階層説を提唱したのは、D. マグレガーではなく、A.H. マズローである（**Q63** 参照）。

2 －正　F. ハーズバーグに関する妥当な記述である。（**Q64** 参照）。

3 －誤　本肢の主張は、C. アージリスではなく、D. マグレガーによるものである（**Q63** 参照）。

4 －誤　本肢の主張は、C.P. アルダーファーでなく、V.H. ブルームによるものである。

5 －誤　本肢の主張は、V.H. ブルームではなく、C.P. アルダーファーによるものである。

Q66 リーダーシップ

問 リーダーシップ論に関する記述として、妥当なのはどれか。 （地方上級）

1 　レビンは、リーダーシップには専制型、民主型、放任型の３つのタイプがあるとし、このうち最も理想的なのは、リーダーが部下を独立した個人として扱い、部下が仕事の中心となる放任型リーダーシップであるとした。

2 　ハーシーとブランチャードは、状況要因として部下の成熟度を導入し、成熟度が高まるにつれて、リーダーシップの効果的スタイルは教示的から説得的、参加的、委任的へと移行していくとするSL理論を展開した。

3 　フィードラーは、参加的リーダーシップが採られる参加型経営システムでは、支持的関係の原則、管理の集団方式の原則及び高い業績目標水準の設定の原則が採用され、自己実現の要求が充たされるため、高い生産性が生まれるとした。

4 　三隅二不二は、PM理論を提唱し、集団の機能を目標達成機能と維持存続機能とに区分し、両機能の強弱によりリーダーシップの四つの類型が得られ、そのうち、目標達成機能が強く維持存続機能が弱い型が最も効果的であるとした。

5 　ブレイクとムートンは、マネジリアル・グリッド理論を提唱し、リーダーの関心領域として業績に対する関心と人間に対する関心を取り上げ、両者のバランスをとりながら現状を維持する中道型を理想的なリーダーシップの型とした。

PointCheck

◉リーダーシップ………………………………………………………………【★★☆】
⑴リーダーシップの意義
　リーダーシップとは、集団の目標を達成するために、リーダーが構成員に対して行使する対人影響力のことをいう。
⑵K.レビンのアイオワ実験
　K.レビンらの行ったアイオワ実験によると、リーダーシップは以下のような３つに類型化され、集団の生産性、成員の満足度、集団の凝集力の点において、このうちの民主型リーダーシップが最も望ましいと主張される。
　①専制型リーダーシップ、②民主型リーダーシップ、③自由放任型リーダーシップ
⑶R.リッカートのシステム４
　R.リッカートは、管理システムを、以下のように４つに類型化し、集団参加型であるシステム４に管理システムを転換する必要があることを主張した。このシステム４の基本概念には、支持的関係の原則、集団的意思決定、高い業績目標の設定などが含まれる。
　①独善的権威型（システム１）、②温情的権威型（システム２）、③相談型（システム３）、④集団参加型（システム４）
　システム４における組織は、個人ではなく小集団が単位となって重複的に階層構造をし

問題でPointを理解する
Level 1 **Q66**

第1章

第2章

第3章

第4章

第5章

ている重複小集団モデルとして示されており、各集団のリーダーは上下の階層を結びつける「連結ピン」として機能している。このような管理システムでは、上位から一方的に命令が伝達されるのではなく、部下の参加により下位から上位へのコミュニケーション経路を確保することができるようなリーダーシップ・スタイルが重要になる。

⑷ R.R. ブレイクと J.S. ムートンのマネジリアル・グリッド理論

R.R. ブレイクと J.S. ムートンのマネジリアル・グリッドは、タテ軸に「人間に対する関心」を、ヨコ軸に「業績に対する関心」をとり、それぞれ 9 つのレベルでリーダーシップ・スタイルを合計 81 種類に類型化し、以下の 5 つを基本形とするものである。このうち、業績および人間に対して高い関心を示す 9・9 型の管理者が理想的リーダーであると主張している。

① 1・1 型（消極型）：「人間に対する関心」も「業績に対する関心」もいずれも低い
② 1・9 型（人間中心型）：「人間に対する関心」は高く「業績に対する関心」は低い
③ 5・5 型（中庸型）：「人間に対する関心」も「業績に対する関心」もいずれも中程度
④ 9・1 型（仕事中心型）：「人間に対する関心」は低く「業績に対する関心」は高い
⑤ 9・9 型（理想型）：「人間に対する関心」も「業績に対する関心」もいずれも高い

◉三隅二不二の PM 理論 ……………………………………………【★★☆】

三隅二不二は、リーダーシップの型を集団の目標達成機能（P 機能：Performance）と集団維持機能（M 機能：Maintenance）の 2 つの機能によって、以下の 4 つに分類し、最も生産性が高かったのは PM 型であり、最も生産性が低かったのは pm 型であることを指摘した。

① PM 型：P 機能も M 機能もいずれも高い
② Pm 型：P 機能は高く M 機能は低い
③ pM 型：P 機能は低く M 機能は高い
④ pm 型：P 機能も M 機能もいずれも低い

A66 正解―2

1 ―誤 K. レビンは、リーダーシップの 3 つのタイプのうち、最も理想的なのは、放任型リーダーシップではなく、民主型リーダーシップであると主張した。

2 ―正 P. ハーシーと K. ブランチャードの SL 理論に関する妥当な記述である（**Q70** 参照）。

3 ―誤 参加的リーダーシップや、支持的関係の原則について言及したのは、F.E. フィードラーでなく、R. リッカートである。

4 ―誤 三隅二不二の PM 理論によると、リーダーシップの 4 つの類型のうち最も効果的であるのは、目標達成機能が強く維持存続機能が弱い型ではなく、目標達成機能も維持存続機能もいずれも強い型とされる。

5 ―誤 R.R. ブレイクと J.S. ムートンのマネジリアル・グリッド理論によると、理想的なリーダーシップの型は、中道型ではなく、業績に対する関心と人間に対する関心のいずれもが高い 9・9 型とされる。

Q67 組織行動の研究

問 組織行動に関する次の記述のうち、妥当なのはどれか。 （国家一般）

1 サイモンは、組織メンバー同士が影響を及ぼし合う関係（管理過程）を同型化と権威という二つの現象によって説明する。このうち権威とは、批判的な検討や考慮をせずに命令を受容する現象のことである。したがって、上司からの命令に権威を認める部下は、無関心圏を広げることになるので、上司からの命令を無視するようになり、反抗的な態度をとることになる。

2 近代組織論の創始者バーナードは、公式組織の存続条件は組織の有効性と組織の能率であることを明らかにした。有効性とは組織が必要とする個人的貢献を引き出すことができるだけの有効な誘因を提供できる度合い、能率とは組織目的の達成度合いのことであり、後にサイモンは、組織の短期的な存続には有効性が、長期的な存続には能率が必要であることを示した。

3 人間資源アプローチと呼ばれる一連の研究を対象にレビュー研究を進め、職務満足と職務遂行の関係性について明らかにしたのが期待理論の提唱者ブルームである。ブルームによれば、職務満足と離職率、欠勤の間には明確な関係性は見いだされなかったが、職務満足と職務遂行の間には一貫した正の相関関係のあることが明らかになった。

4 マクシマクス原理は、不確実性下の意思決定原理の一つである。マクシマクス原理における決定の方法は、まず各戦略から得られる利得のうちから最大値を選び出し、これを各戦略の楽観水準とする。そして戦略間で楽観水準を比較し、最大の楽観水準をもたらす戦略を選択するというものである。

5 自分の利益を最大化しようとする意思決定が、結果的に自分だけでなく相手の利益も損なうような状況をゲーム理論では「囚人のジレンマ」ゲームという。次のような利得表における「囚人のジレンマ」ゲームの均衡においては、Aの利得は－5、Bの利得はゼロとなる。

		個人Bの行動	
		黙秘（協調）	自白（裏切り）
個人Aの行動	黙秘（協調）	Aの利得 －1	Aの利得 －5
		Bの利得 －1	Bの利得 0
	自白（裏切り）	Aの利得 0	Aの利得 －3
		Bの利得 －5	Bの利得 －3

PointCheck

● **C.I. バーナードの組織理論** ……………………………………………【★★★】

①組織…協働のシステム

フォーマル組織を重視しつつ、組織の適正機能にはインフォーマル組織も不可欠。

②人が組織に貢献する理由

　組織目的を受け入れることで、賃金や威信といった誘因を組織から受け取ることができるからとした（組織均衡理論）。

◉ **H.A. サイモンの意思決定** ……………………………………………………【★★★】

①価値的決定…いかなる目標をどの程度達成するか。

②事実的決定…ある集団を選択した場合、その目標をどの程度達成できるかの予測。

　人が行う判断には価値判断と事実判断があり、組織においてはこの2つの判断を前提として意思決定を行う。

◉ **ゲームの理論** ……………………………………………………………………【★★☆】

　ゲームの理論とは、他の主体（プレーヤー）との相互依存関係の中で、各主体が最適（最大）利得を求めてどのような行動をするかという点から経済行動を分析するものである。

①支配戦略

　たとえば、AにはA1とA2のとりうる戦略があり、Bがとる戦略にかかわらずAがA2を選択するなら、A2はA1の「支配戦略」という。

②囚人のジレンマ

　事件の共犯者としてAとBが逮捕され、別の場所で取調べを受けると想定する。A・Bはそれぞれ共犯かどうかを「自白する」か「黙秘する」かの選択を決定しなければならない。利得表（肢5の表を参照）の分析から、Bがどちらの戦略をとってもAは「自白」する（自白が支配戦略となる）。同様にAがどちらの戦略をとってもBは「自白」することになる。

Level up Point!　意思決定や組織の問題は学際分野として、広く専門試験に出題されるので効率的にまとめておきたい。バーナードやサイモンは行政学、ゲーム理論は経済学とのシナジーが期待でき、確実に得点できるようにしたい。

A67 正解─4

1─誤　ここでの「権威受容」や「無関心圏」はバーナードの主張。また、無関心圏にあれば部下は疑問を抱かず命令に従うことになる。

2─誤　バーナードは、「有効性」を組織目的の達成度合い、「能率」を個人の貢献を引き出す誘因の提供度合いとする。

3─誤　ブルームは、職務満足と離職・欠勤に負の相関関係があり、職務満足と職務遂行は相関関係はないと主張した。

4─正　最高の結果で利得を最大化する戦略がマクシマクス原理（楽観的意思決定）、最低限の結果で利得を最大化する戦略がマクスミニ原理（悲観的意思決定）。

5─誤　自己の利得を最大化する非協力的ゲームでは、均衡点は（A,B）＝（−3,−3）で、ともに裏切る場合である。

Q68 意思決定

問 意思決定に関する次の記述のうち、妥当なのはどれか。 （国税専門官）

1 H.A. サイモンは、企業はその取り巻く環境の変化に応じて日々新たな対応を迫られることが通常であるため、企業の意思決定に定型的な意思決定といったものが存在する余地はなく、企業では常に非定型的な意思決定が行われていると主張した。

2 A.D. チャンドラーは、企業の目的や長期計画を策定する経営政策に関する意思決定と、上から与えられた目的を実際に処理していくための意思決定が密接不可分であると指摘し、双方が一体となった意思決定を戦略的意思決定と定義した。

3 H.I. アンゾフは、企業の意思決定について、管理的な意思決定と日常業務的な意思決定の二類型に分類し、前者は集権化された非反復的な意思決定であり、後者は分権化された反復的な意思決定であるとした。

4 J.G. マーチらが提唱したゴミ箱モデルは、現実の組織的意思決定を、選択機会、参加者、問題、解という四つの独立した流れが偶然に交錯した産物であると考え、選択機会を各参加者が様々な問題や解を独立に投げ込むゴミ箱とみなし、このゴミ箱の中で問題と解が参加者のエネルギーによって結び付けられて一定の選択が行われるとする。

5 P. コトラーは、経営理念の策定に当たっては、企業の創業理念、企業の歴史、企業が立地している国・地域の文化の三つの要素を考慮した上で、誰でも理解できるように具体的かつ規範的に定めることが重要であるとしたが、経営理念と経営者の選好とは独立であるべきとした。

PointCheck

●ゴミ箱モデル‥‥‥‥‥‥‥‥‥‥‥‥‥‥‥‥‥‥‥‥‥‥‥‥‥‥‥‥‥‥‥‥‥‥‥‥**【★★☆】**

J.G. マーチ、J.P. オルセン、M.D. コーエンは、選択機会という場において意思決定の参加者、問題、解が偶然的に結びついて、選択という意思決定がなされるというゴミ箱モデルを提唱した。彼らによると、意思決定は、合理的なものではなく、理論的なものではないとされる。

● H.I. アンゾフの階層的意思決定 　**繰り返し確認**‥‥‥‥‥‥‥‥‥‥‥‥‥‥‥‥‥**【★★★】**

H.I. アンゾフは、企業における意思決定には階層があるとし、以下の3つを挙げた。

①戦略的意思決定	トップ・マネジメントが行う長期的・基本的・全体的な意思決定である。具体的には、経営戦略、経営計画、経営目標、組織設計などに関する意思決定が挙げられる。戦略的意思決定においては、H.A. サイモンのいう非定型的意思決定が主なものとなる。
②管理的意思決定	ミドル・マネジメントが行う意思決定である。具体的には、部門管理、業務戦略、業務計画などに関する意思決定が挙げられる。

問題でPointを理解する
Level 2 Q68

第1章

第2章

第3章

第4章

第5章

③業務的意思決定	ロワー・マネジメントが行う短期的・具体的・個別的な意思決定である。具体的には、業務現場での指揮・監督などに関する意思決定が挙げられる。業務的意思決定においては、H.A.サイモンのいう定型的意思決定が主なものとなる。

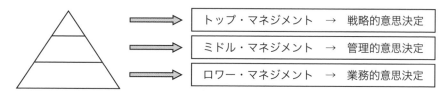

→	トップ・マネジメント → 戦略的意思決定
→	ミドル・マネジメント → 管理的意思決定
→	ロワー・マネジメント → 業務的意思決定

Level up Point!

意思決定については、まずH.Aサイモンの意思決定論を理解しておくことが重要である。それに加え、H.I.アンゾフの階層的意思決定との関連性を把握し、ゴミ箱モデルのような知識を有しておくことが必要になる。

A68 正解—4

1－誤　企業の意思決定には、伝票処理業務など、あらかじめ問題解決方法が決まっており、日常反復的に行われる定型的な意思決定が存在する（**Q62**参照）。

2－誤　A.D.チャンドラーは、経営戦略を、企業の長期な目的を決定し、それを遂行するために必要な資源を割り当てることと定義している（**Q15**参照）。企業の目的や長期計画を策定する経営政策に関する意思決定はトップ・マネジメントが行うものであるので、戦略的意思決定といえるが、上から与えられた目的を実際に処理していくための意思決定はミドル・マネジメントやロワー・マネジメントが行うものであるので、戦略的意思決定とはいえない（**Q62**参照）。

3－誤　H.I.アンゾフは企業における意思決定には階層があるとし、戦略的意思決定、管理的意思決定、業務的意思決定の3つを挙げた。戦略的意思決定は、トップ・マネジメントが行うもので非反復的であり、H.A.サイモンのいう非定型的意思決定が主なものとなる。これに対して、業務的意思決定はロワー・マネジメントが行うもので、H.A.サイモンのいう定型的意思決定が主なものとなる（**Q62**参照）。

4－正　J.G.マーチらが提唱したゴミ箱モデルに関する妥当な記述である。

5－誤　経営理念と経営者の選好とは独立でなく、経営者の選好は経営理念や企業文化に影響を与える。明確な経営理念や優れた企業文化を形成することは、経営者の役割である。T.ディールとA.ケネディーによると、企業文化は環境的側面と人格的側面という2つの側面によって形成されるが、人格的側面とは、経営者の持つ経営理念や個性などであるとされる（**Q56**参照）。

Q69 動機づけ

問 動機づけに関する次の記述のうち、妥当なのはどれか。 （国家一般）

1 　科学的管理法は、当時の工場で問題になっていた怠業という現象を解決するために考え出されたが、テイラーはその原因を、人間は本能として楽をしたがるものであるという自然的怠業に求めた。テイラーは、あらかじめ工賃単価を定め、一日の出来高に応じて比例的に賃金が支払われる差別出来高給制度によってこれを克服することができるとした。

2 　自己の潜在能力の実現を求める人間を仮定し、そうした人間の仕事への動機づけを定式化したモデルが期待理論である。期待理論によれば、報酬の効用の最大値を最大化するような職務に人間は動機づけられることになる。期待理論は後続の多くの研究者によって実証され、現在、最も有効性の高い理論の一つとされている。

3 　動機づけ衛生理論を提唱したハーズバーグは、職務満足に影響する動機づけ要因には、会社の方針と管理、監督、給与、対人関係、作業条件が含まれ、職務不満足に影響する衛生要因には、達成、達成に対する承認、仕事そのもの、責任、昇進が含まれることを発見した。給与が前者に含まれることから、成果主義的な動機づけの考え方は妥当性が高いといえる。

4 　1940 年代に行われたホーソン実験をきっかけにして、職場の非公式組織の在り方が従業員の生産性を規定すると考える新人間関係論が誕生した。メイヨー、マグレガーらは生産性の規定要因として、集団凝集性、集団圧力、リーダーシップなどを取り上げ、これらが非公式組織のメンバーの行動を実質的にコントロールしていると主張した。

5 　デシは、内発的に動機づけられた活動を、当該の活動以外には明白な報酬が全くないような活動であると定義した。人はその活動に従事することで、自己を有能で自己決定的であると感じることができ、それによって満足感を得ることができるので、更なる有能さと自己決定を求めて動機づけられることになる。

PointCheck

● E.L. デシの内的動機づけ理論 ……………………………………………【★☆☆】
(1)内発的動機

　E.L. デシは、著書『内発的動機づけ』において、人間の自己決定能力や有能さに対する内発的欲求とその達成プロセスを分析した。E.L. デシの内発的動機づけ理論とは、期待理論のように金銭的な報酬などの外発的動機づけに基づくのではなく、内発的動機づけに基づくものである。E.L. デシの内発的動機づけ理論によれば、組織の構成員が内発的に動機づけられて仕事を達成したことに対して金銭などの外発的な報酬が与えられると、仕事自体への内発的な動機づけがむしろ損なわれる可能性があるとされる。

(2)内発的に動機づけられた行動

　内発的に動機づけられた行動とは、その仕事を遂行することによって、自分自身に能力が

問題でPoint を理解する
Level 2 Q69

第1章
第2章
第3章
第4章
第5章

あり、自己決定的に自分で決めることができると感じることができる行動のことをいう。当該活動以外は明白な報酬がまったくないような活動であると、内発的に動機づけられた行動を行うことで、自己を有能で自己決定的であると感じることができ、それによって満足感を得ることができるので、さらなる有能さと自己決定を求めて動機づけられることになる。

●モチベーションと人事・等級制度…………………………………………………【★☆☆】

等級制度は、能力、職務、役割などで従業員を序列化し、権限・責任・処遇の根拠とする。組織が求める人材のモデルとなり、従業員のモチベーションを高める役割も果たす。
　①職能資格制度：職務遂行能力により従業員を序列
　②職務等級制度：職務内容の重要度や困難を判定し等級を設定
　③役割等級制度：役職と職務から「役割」の等級を設定

Level up Point!

　応用的な内容である E.L. デシの内的動機づけ理論の内容が、国家一般職試験では何回か出題されており、しかもこれが正解肢として出題されるパターンも多い。他の選択肢の明らかに誤りである点を見つけ消去法で正解を導くことができればよいが、他の選択肢の正誤判断が難しい場合には、消去法は使えない。経営学説に関しては、基本的な内容に加えて、応用的な内容に関する判断が必要となる。

A69 正解－5

1 －誤　科学的管理法は、当時の工場で問題になっていた怠業という現象を解決するために考え出されたが、F.W. テイラーはその原因を、労働者全体が故意に仕事の進度を遅くし労働量を少なくしようとする組織的怠業に求める。F.W. テイラーは、あらかじめ工賃単価ではなく、課業を定め、課業の達成度合いに応じて賃金率を決定する差別出来高給制度により組織的怠業を克服しようとした（**Q57** 参照）。

2 －誤　期待理論では、自己の潜在能力の実現を求める人間を仮定しているわけではない。また、期待理論によれば、期待と達成することによって得られる報酬の価値との積によって、人間は動機づけられることになる（**Q65** 参照）。

3 －誤　職務満足に影響する動機づけ要因と、職務不満足に影響する衛生要因の内容が逆である。また、給与は、職務不満足に影響する衛生要因に含まれ、成果主義的な動機づけが妥当とはいえない（**Q64** 参照）。

4 －誤　1924 年から 1932 年にかけて G.E. メイヨーらによって行われたホーソン実験をきっかけにして人間関係論が誕生した（**Q59** 参照）。また、新人間関係論は、1960 年代前後からの C. アージリス、D. マグレガー、R. リッカートらの研究を指す。

5 －正　E.L. デシの内的動機づけ理論に関する妥当な記述である。

Q70 リーダーシップ

問 リーダーシップに関する次の記述のうち、妥当なのはどれか。 （国税専門官）

1　K. レヴィンらが行ったアイオワ実験によると、民主型、専制型、自由放任型の三つの
リーダー行動の類型のうち、自由放任型の指導について、その作業成果は民主型の指導に
よる作業成果とそれほど差がなかったが、その集団メンバーの連帯感や協力は最低であっ
た。

2　R. リッカートはシステム４理論を提唱し、システム１（独善的専制型）、システム２（独
善的民主型）、システム３（相談型）、システム４（集団参画型）の四つの組織システムの
スタイルのうち、上下のコミュニケーションが盛んで非公式組織の発生の余地がないシス
テム３が最も望ましいとした。

3　三隅二不二は、リーダーシップの型を集団の目標達成機能と集団維持機能の二つの機能
によって四つに分類した。このリーダーシップの型と生産性に関する実証研究の結果、最
も生産性が高かったのは PM 型であり、最も生産性が低かったのは pm 型であった。

4　F.E. フィードラーは、有効なリーダーシップのスタイルと部下のマチュリティ（成熟度）
の程度との関係を研究し、部下のマチュリティの程度にかかわらず有効なリーダーシップ
は一つであり、リーダーは人間関係志向的監督行動を積極的に行うべきとする SL 理論を
提唱した。

5　R.R. ブレークと J.S. ムートンは、業績に対する関心と人間に対する関心の二次元を横
軸と縦軸にとり、リーダーシップの類型を行った。そして、このマネジリアル・グリッド
から五つの典型的なスタイルを示し、業績と人間への関心が共に中程度である５・５型（常
識人型）の管理者が理想的であるとした。

PointCheck

◉リーダーシップのコンティンジェンシー理論……………………………………【★★☆】
(1) F.E. フィードラーの LPC

　F.E. フィードラーは、リーダーが過去に一緒に仕事をした協働者のなかから、最も好まし
くないと思った者に対する態度を、LPC（Least preferred coworker）得点として測定した。
この LPC 得点の高い者は対人関係をうまくやっていくことに主たる満足を見いだす者であ
り、人間関係指向的リーダーと呼ばれる。一方、この LPC 得点が低い者は業績を上げるこ
とに主たる満足を見いだす者であり、課業指向的リーダーと呼ばれる。彼らは、以下のよう
に、リーダーシップの有効なスタイルは、組織の状況がリーダーの行動に影響を与える程度
によって異なるというコンティンジェンシー理論を主張した。
　①組織の状況が好意的である場合
　　課業指向的リーダー（LPC 得点が低いリーダー）が有効

問題でPointを理解する
Level 2 **Q70**

第1章

第2章

第3章

第4章

第5章

②組織の状況が中程度である場合

　　人間関係指向的リーダー（LPC 得点が高いリーダー）が有効

③組織の状況が非好意的である場合

　　課業指向的リーダー（LPC 得点が低いリーダー）が有効

⑵ P. ハーシーと K. ブランチャードの SL 理論

　　P. ハーシーと K. ブランチャードの SL 理論（Situational Leadership Theory）は、リーダーシップの有効なスタイルは、部下の成熟度によって異なるというものである。部下の成熟度は、低いものから順に M1、M2、M3、M4 と名づけられ、SL 理論におけるリーダーシップ・スタイルは、仕事志向の「指示的行動」と、人間関係志向の「協働的行動」の2つの軸で捉えられる。

　　① M1 の場合：指示的リーダーシップ（指示的行動が高く、協働的行動が低い)が有効。

　　② M2 の場合：説得的リーダーシップ（指示的行動も協働的行動も高い）が有効。

　　③ M3 の場合：参加的リーダーシップ（指示的行動が低く、協働的行動が高い)が有効。

　　④ M4 の場合：委任的リーダーシップ（指示的行動も協働的行動も低い）が有効。

Level up Point! 　リーダーシップに関しては、リーダーに共通する資質等を研究する特性論、リーダーシップを類型化し最適なリーダーシップを探求する形態論、リーダーシップの有効性と環境の適合性を研究するコンティンジェンシー理論についての詳細な知識が試されることになる。

A70 正解ー3

1－誤　K. レヴィンらが行ったアイオワ実験によると、自由放任型の指導の作業成果は最も低いものであった。集団メンバーの連帯感や協力が最低であったのは、専制型である（**Q66** 参照）。

2－誤　R. リッカートのシステム4理論によると、4つの組織システムのスタイルのうち、最も望ましいのは、システム3ではなく、システム4とされる（**Q66** 参照）。

3－正　三隅二不二の PM 理論に関する妥当な記述である（**Q66** 参照）。

4－誤　本肢の主張をしたのは、F.E. フィードラーではなく、P. ハーシーと K.H. ブランチャードである。

5－誤　R.R. ブレークと J.S. ムートンのマネジリアル・グリッドによると、リーダーシップの5つの典型的なスタイルのうち理想であるのは、業績と人間への関心が共に高い9・9型であるとされる（**Q66** 参照）。

INDEX

153

◆主な参考文献

清水龍瑩著	『企業成長論－新しい経営学』	中央経済社
岡本大輔著	『企業評価の視点と手法』	中央経済社
高橋信夫著	『経営の再生』	有斐閣
河合忠彦・大森賢二・高橋信夫著	『経営学』	有斐閣
伊丹敬之・加護野忠男著	『ゼミナール経営学入門』	日本経済新聞社
石井淳蔵・奥村昭博・加護野忠男・野中郁次郎著	『経営戦略論』	有斐閣
稲葉元吉・大森賢二編著	『現代の経営組織』	春秋社
岡本康雄・若杉敬明編著	『技術革新と企業行動』	東京大学出版会
津田眞澂著	『現代の日本的経営』	有斐閣
土屋守章著	『企業と戦略』	リクルート出版
土屋守章編著	『技術革新と経営戦略』	日本経済新聞社
村松司叙著	『経営学総論』	中央経済社
森本三男著	『経営組織論』	放送大学教育振興会
M.E. ポーター著　土岐坤・中辻萬治・小野寺武夫訳	『競争優位の戦略－いかに高業績を持続させるか』	ダイヤモンド社
P.F. ドラッカー著　上田惇生訳	『マネジメント（上）』	ダイヤモンド社
A.D. チャンドラー著　有賀裕子訳	『組織は戦略に従う』	ダイヤモンド社
H.I. アンゾフ著　中村元一訳	『戦略経営論』	産業能率大学出版部
P. コトラー著　村田昭治監訳	『マーケティング・マネジメント』	プレジデント社
C.I. バーナード著　山本安次郎・田杉競・飯野春樹訳	『新訳　経営者の役割』	ダイヤモンド社
H.A. サイモン著　稲葉元吉・倉井武夫訳	『意思決定の科学』	産業能率大学出版部

本書の内容は、小社より2020年3月に刊行された
「公務員試験 出るとこ過去問 11 経営学」（ISBN：978-4-8132-8753-7）
および2023年3月に刊行された
「公務員試験 出るとこ過去問 11 経営学 新装版」（ISBN：978-4-300-10611-2）
と同一です。

公務員試験　過去問セレクトシリーズ

こう む いん し けん　　　で　　　　か こ もん　　　　　　　　けいえいがく　　しんそうだい　　はん
公務員試験　出るとこ過去問　11　経営学　新装第2版

2020年 4 月 1 日　初　　　版　第 1 刷発行
2024年 4 月 1 日　新装第2版　第 1 刷発行

編　著　者　　Ｔ　Ａ　Ｃ　株　式　会　社
　　　　　　　　　　　（出版事業部編集部）
発　行　者　　多　　　田　　　敏　　　男
発　行　所　　ＴＡＣ株式会社　出版事業部
　　　　　　　　　　　　　　　（ＴＡＣ出版）

〒 101-8383
東京都千代田区神田三崎町 3-2-18
電話　03（5276）9492（営業）
FAX　03（5276）9674
https://shuppan.tac-school.co.jp/

印　　刷　　株式会社　光　　　　　邦
製　　本　　株式会社　常　川　製　本

© TAC　2024　　　Printed in Japan　　　ISBN 978-4-300-11131-4
　　　　　　　　　　　　　　　　　　　　N.D.C. 317

公務員講座のご案内

大卒レベルの公務員試験に強い！

2022年度 公務員試験

公務員講座生[1]
最終合格者延べ人数[2]

5,314名

※1 公務員講座生とは公務員試験対策講座において、目標年度に合格するために必要と考えられる、講義、演習、論文対策、面接対策等をパッケージ化したカリキュラムの受講生です。単科講座や公開模試のみの受講生は含まれておりません。
※2 同一の方が複数の試験種に合格している場合は、それぞれの試験種に最終合格者としてカウントしています。（実合格者数は2,843名です。）
＊2023年1月31日時点で、調査にご協力いただいた方の人数です。

国家公務員（大卒程度）	計	**2,797**名
地方公務員（大卒程度）	計	**2,414**名
国立大学法人等	大卒レベル試験	**61**名
独立行政法人	大卒レベル試験	**10**名
その他公務員		**32**名

1位 全国の公務員試験で合格者を輩出！

詳細は公務員講座（地方上級・国家一般職）パンフレットをご覧ください。

2022年度 国家総合職試験

公務員講座生[1]

最終合格者数 **217**名

法律区分	**41**名	経済区分	**19**名
政治・国際区分	**76**名	教養区分[2]	**49**名
院卒/行政区分	**24**名	その他区分	**8**名

※1 公務員講座生とは公務員試験対策講座において、目標年度に合格するために必要と考えられる、講義、演習、論文対策、面接対策等をパッケージ化したカリキュラムの受講生です。単科講座や公開模試のみの受講生は含まれておりません。
※2 上記は2022年度目標の公務員講座最終合格者のほか、2023年度目標公務員講座生の最終合格者40名が含まれています。
＊ 上記は2023年1月31日時点で調査にご協力いただいた方の人数です。

2022年度 外務省専門職試験

最終合格者総数55名のうち
54名がWセミナー講座生です。

合格者占有率[2] **98.2%**

外交官を目指すなら、実績のWセミナー

※1 Wセミナー講座生とは、公務員試験対策講座において、目標年度に合格するために必要と考えられる、講義、演習、論文対策、面接対策等をパッケージ化したカリキュラムの受講生です。各種オプション講座や公開模試など、単科講座のみの受講生は含まれておりません。また、Wセミナー講座生はそのボリュームから他校の講座生と掛け持ちすることは困難です。
※2 合格者占有率は「Wセミナー講座生（※1）最終合格者数」を、「外務省専門職採用試験の最終合格者総数」で除して算出しています。また、算出した数字の小数点第二位以下を四捨五入して表記しています。
＊ 上記は2022年10月10日時点で調査にご協力いただいた方の人数です。

WセミナーはTACのブランドです

公務員講座のご案内

無料体験入学のご案内
3つの方法でTACの講義が体験できる!

教室で体験
迫力の生講義に出席　　予約不要!　最大3回連続出席OK!

1. 校舎と日時を決めて、当日TACの校舎へ
TACでは各校舎で毎月体験入学の日程を設けています。

2. オリエンテーションに参加(体験入学1回目)
初回講義「オリエンテーション」にご参加ください。体験入学ご参加の際に個別にご相談をお受けいたします。

3. 講義に出席(体験入学2・3回目)
引き続き、各科目の講義をご受講いただけます。参加者には体験用テキストをプレゼントいたします。

- 最大3回連続無料体験講義の日程はTACホームページと公務員講座パンフレットでご覧いただけます。
- 体験入学はお申込み予定の校舎に限らず、お好きな校舎でご利用いただけます。
- 4回目の講義前までにご入会手続きをしていただければ、カリキュラム通りに受講することができます。

※地方上級・国家一般職、理系(技術職)、警察・消防以外の講座では、最大2回連続体験入学を実施しています。また、心理職・福祉職はTAC動画チャンネルで体験講義を配信しています。
※体験入学1回目や2回目の後でもご入会手続きは可能です。「TACで受講しよう!」と思われたお好きなタイミングで、ご入会いただけます。

ビデオで体験
校舎のビデオブースで体験視聴

TAC各校のビデオブースで、講義を無料でご視聴いただけます。(要予約)

各校のビデオブースでお好きな講義を視聴できます。視聴前日までに視聴する校舎受付までお電話にてご予約をお願い致します。

※受講可能な曜日・時間帯は一部校舎により異なります。
※年末年始・夏期休業・その他特別な休業以外は、通常半日・土日祝祭日にご覧いただけます。
※予約時にご希望日とご希望時間帯を合わせてお申込みください。
※基本講義の中からお好きな科目をご視聴いただけます。(視聴できる科目は時期により異なります)
※TAC提携校での講義視聴につきましては、提携校各校へお問合せください。

ビデオブース利用時間 ※日曜日は④の時間帯はありません。
- ① 9:30～12:30
- ② 12:30～15:30
- ③ 15:30～18:30
- ④ 18:30～21:30

Webで体験
スマートフォン・パソコンで講義を体験視聴

TACホームページの「TAC動画チャンネル」で無料体験講義を配信しています。時期に応じて多彩な講義がご覧いただけます。

TACホームページ **https://www.tac-school.co.jp/**

※体験講義は教室講義の一部を抜粋したものになります。

TAC出版 書籍のご案内

TAC出版では、資格の学校TAC各講座の定評ある執筆陣による資格試験の参考書をはじめ、資格取得者の開業法や仕事術、実務書、ビジネス書、一般書などを発行しています！

TAC出版の書籍

*一部書籍は、早稲田経営出版のブランドにて刊行しております。

資格・検定試験の受験対策書籍

- ✪ 日商簿記検定
- ✪ 建設業経理士
- ✪ 全経簿記上級
- ✪ 税 理 士
- ✪ 公認会計士
- ✪ 社会保険労務士
- ✪ 中小企業診断士
- ✪ 証券アナリスト

- ✪ ファイナンシャルプランナー(FP)
- ✪ 証券外務員
- ✪ 貸金業務取扱主任者
- ✪ 不動産鑑定士
- ✪ 宅地建物取引士
- ✪ 賃貸不動産経営管理士
- ✪ マンション管理士
- ✪ 管理業務主任者

- ✪ 司法書士
- ✪ 行政書士
- ✪ 司法試験
- ✪ 弁理士
- ✪ 公務員試験(大卒程度・高卒者)
- ✪ 情報処理試験
- ✪ 介護福祉士
- ✪ ケアマネジャー
- ✪ 社会福祉士　ほか

実務書・ビジネス書

- ✪ 会計実務、税法、税務、経理
- ✪ 総務、労務、人事
- ✪ ビジネススキル、マナー、就職、自己啓発
- ✪ 資格取得者の開業法、仕事術、営業術
- ✪ 翻訳ビジネス書

一般書・エンタメ書

- ✪ ファッション
- ✪ エッセイ、レシピ
- ✪ スポーツ
- ✪ 旅行ガイド (おとな旅プレミアム/ハルカナ)
- ✪ 翻訳小説

TAC出版

(2021年7月現在)

書籍のご購入は

1 全国の書店、大学生協、ネット書店で

2 TAC各校の書籍コーナーで

資格の学校TACの校舎は全国に展開!
校舎のご確認はホームページにて

資格の学校TAC ホームページ
https://www.tac-school.co.jp

3 TAC出版書籍販売サイトで

CYBER TAC出版書籍販売サイト
BOOK STORE

24時間
ご注文
受付中

https://bookstore.tac-school.co.jp/

- 新刊情報を
いち早くチェック!
- たっぷり読める
立ち読み機能
- 学習お役立ちの
特設ページも充実!

TAC出版書籍販売サイト「サイバーブックストア」では、TAC出版および早稲田経営出版から刊行されている、すべての最新書籍をお取り扱いしています。
また、無料の会員登録をしていただくことで、会員様限定キャンペーンのほか、送料無料サービス、メールマガジン配信サービス、マイページのご利用など、うれしい特典がたくさん受けられます。

サイバーブックストア会員は、特典がいっぱい! (一部抜粋)

通常、1万円(税込)未満のご注文につきましては、送料・手数料として500円(全国一律・税込)頂戴しておりますが、1冊から無料となります。

専用の「マイページ」は、「購入履歴・配送状況の確認」のほか、「ほしいものリスト」や「マイフォルダ」など、便利な機能が満載です。

メールマガジンでは、キャンペーンやおすすめ書籍、新刊情報のほか、「電子ブック版TACNEWS(ダイジェスト版)」をお届けします。

書籍の発売を、販売開始当日にメールにてお知らせします。これなら買い忘れの心配もありません。

公務員試験対策書籍のご案内

TAC出版の公務員試験対策書籍は、独学用、およびスクール学習の副教材として、各商品を取り揃えています。学習の各段階に対応していますので、あなたのステップに応じて、合格に向けてご活用ください!

INPUT

『みんなが欲しかった!
公務員
合格へのはじめの一歩』

A5判フルカラー

● 本気でやさしい入門書
● 公務員の"実際"をわかりやすく紹介したオリエンテーション
● 学習内容がざっくりわかる入門講義

・数的処理(数的推理・判断推理・空間把握・資料解釈)
・法律科目(憲法・民法・行政法)
・経済科目(ミクロ経済学・マクロ経済学)

『みんなが欲しかった!
公務員 教科書&問題集』

A5判

● 教科書と問題集が合体!でもセパレートできて学習に便利!
● 「教科書」部分はフルカラー!見やすく、わかりやすく、楽しく学習!

・憲法
・【刊行予定】民法、行政法

『新・まるごと講義生中継』

A5判
TAC公務員講座講師
郷原 豊茂 ほか

● TACのわかりやすい生講義を誌上で!
● 初学者の科目導入に最適!
● 豊富な図表で、理解度アップ!

・郷原豊茂の憲法
・郷原豊茂の民法Ⅰ
・郷原豊茂の民法Ⅱ
・新谷一郎の行政法

『まるごと講義生中継』

A5判
TAC公務員講座講師
渕元 哲 ほか

● TACのわかりやすい生講義を誌上で!
● 初学者の科目導入に最適!

・郷原豊茂の刑法
・渕元哲の政治学
・渕元哲の行政学
・ミクロ経済学
・マクロ経済学
・関野喬のパターンでわかる数的推理
・関野喬のパターンでわかる判断整理
・関野喬のパターンでわかる空間把握・資料解釈

要点まとめ

『一般知識
出るとこチェック』

四六判

● 知識のチェックや直前期の暗記に最適!
● 豊富な図表とチェックテストでスピード学習!

・政治・経済
・思想・文学・芸術
・日本史・世界史
・地理
・数学・物理・化学
・生物・地学

記述式対策

『公務員試験論文答案集
専門記述』

A5判
公務員試験研究会

● 公務員試験(地方上級ほか)の専門記述を攻略するための問題集
● 過去問と新作問題で出題が予想されるテーマを完全網羅!

・憲法〈第2版〉
・行政法

書籍の正誤に関するご確認とお問合せについて

書籍の記載内容に誤りではないかと思われる箇所がございましたら、以下の手順にてご確認とお問合せをしてくださいますよう、お願い申し上げます。

なお、正誤のお問合せ以外の書籍内容に関する解説および受験指導などは、一切行っておりません。
そのようなお問合せにつきましては、お答えいたしかねますので、あらかじめご了承ください。

1 「Cyber Book Store」にて正誤表を確認する

TAC出版書籍販売サイト「Cyber Book Store」の
トップページ内「正誤表」コーナーにて、正誤表をご確認ください。

CYBER TAC出版書籍販売サイト
BOOK STORE

URL:https://bookstore.tac-school.co.jp/

2 1の正誤表がない、あるいは正誤表に該当箇所の記載がない
⇒ 下記①、②のどちらかの方法で文書にて問合せをする

★ご注意ください★

お電話でのお問合せは、お受けいたしません。
①、②のどちらの方法でも、お問合せの際には、「お名前」とともに、
「対象の書籍名(○級・第○回対策も含む)およびその版数(第○版・○○年度版など)」
「お問合せ該当箇所の頁数と行数」
「誤りと思われる記載」
「正しいとお考えになる記載とその根拠」
を明記してください。
なお、回答までに1週間前後を要する場合もございます。あらかじめご了承ください。

① ウェブページ「Cyber Book Store」内の「お問合せフォーム」より問合せをする

【お問合せフォームアドレス】

https://bookstore.tac-school.co.jp/inquiry/

② メールにより問合せをする

【メール宛先　TAC出版】

syuppan-h@tac-school.co.jp

※土日祝日はお問合せ対応をおこなっておりません。
※正誤のお問合せ対応は、該当書籍の改訂版刊行月末日までといたします。

乱丁・落丁による交換は、該当書籍の改訂版刊行月末日までといたします。なお、書籍の在庫状況等により、お受けできない場合もございます。
また、各種本試験の実施の延期、中止を理由とした本書の返品はお受けいたしません。返金もいたしかねますので、あらかじめご了承くださいますようお願い申し上げます。